종의 기원을 읽다

還原演化論:重讀達爾文『物種起源』
楊照 著
© 2009 Yang Zhao

Korean translation copyright © 2013 by UU PRESS
Korean translation rights arranged with Yang Zhao
through The Institute of Sino-Korean Culture.

이 책의 한국어판 저작권은 한성문화연구소를 통해 저자와 독점 계약한
도서출판 유유에 있습니다. 저작권법에 의하여 한국 내에서 보호를 받는
저작물이므로 무단전재와 무단복제를 금합니다.

고전강의 1

종의 기원을 읽다

=

다윈과 진화론을
공부하는 첫걸음

양자오 지음 + 류방승 옮김

저자 서문 — 역사의 기나긴 강에서 고전을 다시 읽다 (13)

I

고전의 의의와 『종의 기원』의 지위

1. 왜, 어떻게 고전을 읽어야 하나 (23)

   고전은 축약해서는 안 된다 · 고전을 고르는 방법

2. 『종의 기원』의 특수한 지위 (31)

   다윈의 학설과 다윈주의는 같지 않다 · 어떤 학과에도 넣을 수 없는 고전

II

종의 변화와 『종의 기원』의 구조

1. 종은 변화한다 (41)

   시간관의 변화 · 지리상의 대발견 · 린네의 분류학

2. 『종의 기원』의 구조 (52)

   다윈의 네 가지 방법 · 종의 변화와 자연선택 · 현대의 진화론자 스티븐 제이 굴드

III

다윈 이전의 진화론

1. 다윈의 가족 (67)

   다윈의 조부와 그의 『주노미아』 · '웨지우드' 도자기 · 루나 클럽의 토론회 ·

   운하와 화석

2. 잘못 이해된 라마르크 (80)

   다윈과 라마르크 · 시인과 원예가

IV

창조론과 생존경쟁: 『종의 기원』 1~3장

1. 하느님의 창조론에 도전하다 (93)

   윌리엄 페일리와 『기독교의 증거에 대한 견해』 · 인간의 생물계 개조 ·

   종은 인간의 창조물이다

2. 생존경쟁 (107)

   개체와 동류 간의 생존경쟁 · 『종의 기원』은 '오랜 논쟁'이다 ·

   존 보울비의 다윈 전기 · 지연 출판된 『종의 기원』

V

다윈의 초월과 한계: 『종의 기원』 4~6장

1. 비정의식 사고 (131)

   본질과 현상 · 정의식 사고 · 구 사유 모델의 결함 · 세계를 보는 방식의 전환

2. 다윈에 대한 과도한 추론 (149)

   다윈 오독이 초래한 재앙

3. 다윈이 예측하지 못한 돌연변이 (157)

   종의 과도기 · 유성생식이 낳은 돌연변이

4. 성선택: 수컷 경쟁과 암컷 선택 (164)

   성선택과 자연선택 · 본능과 생식 불능 · 다윈의 패러다임 전환

VI

다윈의 해명: 『종의 기원』 7~9장

1. 점진적 진화에 대한 회의 (179)

   가자미의 눈 · 기린의 우세와 열세

2. 진화론은 동어 반복인가 (191)

   새끼 뻐꾸기의 시행착오 · 완전무결한 벌집

3. 어떻게 이타적 행위를 설명할 것인가 (201)

   수개미의 자기희생

4. 생태계와 진화 단위 (209)

   에드워드 윌슨의 수개미 연구 · 진화 단위는 유전자다 · 『인간의 유래와 성선택』

VII

인류 문화와 종의 진화

1. 창조론자의 반격 (221)

2. 번식의 동기와 양육 투자 (225)

   조상 공경과 번식의 동기 · 양육 투자의 암수 차이 · 양육 투자의 딜레마

3. 호모 에렉투스의 출현 (234)

   플로레스인의 뇌 용량 · 발정의 위장과 2차 성징 · 아버지의 불확실성

4. 가족제도의 진화론적 기초 (246)

   진화론이 낳은 남성적 사유 · 일부일처제의 형성 · 소박한 공평 관념

VIII

진화론의 함정과 영향

1. 진화론의 세 가지 함정 (261)
   진화론으로 모든 것을 설명할 수는 없다

2. 다윈은 아직 떠나지 않았다 (267)
   문화의 힘

역자 후기 — 책장에 꽂아 두었던 묵은 책을 다시 읽다 (271)

+ 더 읽어 볼 책 (277)
++ 다윈의 생애 연표 (279)

저자 서문
역사의 기나긴 강에서 고전을 다시 읽다

"이 강좌는 독서 강좌입니다. 이미 읽었어야 하는데도 대부분의 사람들이 마음을 가라앉히고 정독하지 못한 책을 읽을 수 있는 기회를 제공하는 것, 그것이 이 강좌의 진정한 목적입니다."

이 말을 몇 번이나 했는지 모르겠다. '청핀誠品 강좌'의 첫 수업 때마다 나는 이 말을 되풀이했다. 이 세상에는 우리가 읽어야 하는 책들이 너무나 많다. 그러나 역설적이게도 내용이 풍부한 책일수록 많이 읽히지 않았다. 이런 책들은 제대로 이해하면서 읽어 나가기가 그리 녹록지 않다. 우리의 지적인 상태뿐만 아니라 집중력까지 시험하며, 마음을 가라앉히고 인내심을 발휘하지 않으면 쉽게 그 문을 열어 주지 않는다.

나는 이 시대, 이런 환경에서 '명분'이 얼마나 중요한지 잘 알고 있다. 이는 남에게 보여 주는 명분이 아니라, 자기 자신을 설득하고 배려하기 위해 없어서는 안 되는 '명분'이다. 우리 주변에는 시간을 잡아먹는 활동들, 나아가 힘과 주의를 쏟지 않아도 되는 심심풀이가 얼마나 많은가. 그렇다면 집중하지 않으면 읽을 수도 이해할 수도 없는 책을 어떤 시간, 어떤 상황에서 집중해서 읽을 수 있을까?

나는 '청편 강좌'에서 그럴 수 있는 '명분'을 제공했다. 강좌 커리큘럼에 독서 진도를 정해 놓았기 때문에 강좌에 등록한 수강생은 그 진도에 맞춰 책을 읽어야 하는 스트레스를 스스로에게 부여해야 했다. 나는 이런 방식으로 수강생에게 책을 읽을 수밖에 없는 '명분'을 마련해 주었다.

우선 나는 꼬박 1년 동안 '현대 서양사상 명저 읽기' 36강을 강의했고, 그다음에는 '노벨문학상 명저 읽기' 36강을 또 1년간 강의했다. 그 2년 동안 각 학기는 12주였고, 나는 매주 한 권씩 강의했다. 나의 바람은 수강생들이 나와 함께 매주 한 권의 '명저'를 읽는 것이었다. 그런데 그 2년 동안 나는 이상과 현실의 커다란 차이를 확인했다. 그런 수업 방식은 수강생에게 질적으로나 양적으로나 과도한 독서를 요구했다. 계속 진도를 따라오는 수강생이 극히 적었다. 그 결과, 나 혼자 강좌 시간에 떠들어 대는 꼴이 되어 버렸다. 수강생을 우호적으로 이끌면서 함께 참여하는 '독서 강좌'는 더 이상 온데간데없었다.

그래서 계획을 대폭 수정했다. 커리큘럼을 각 학기 10주로 조정하고 5주마다 한 권을, 즉 한 학기에 두 권을 강의하기로 하면서 강좌 제목도 '현대고전 정독'으로 바꿨다. 현대인은 너무 바쁘다는 것을 감안하여 5주에 책 한 권을 읽는 것으로 하고 책의 지위를 '명저'에서 '고전'으로 격상시켰다. 또한 본래 1주에 한 권을 읽던 것을 5주에 한 권씩 읽게 되었으니 상대적으로 '정독'이라 할 만했다.

'현대고전 정독'은 '고전'과 '현대'를 아우르면서 20세기에 가장 큰 영향을 미쳤던 세 작품부터 읽어 나갔다. 바로 인간과 자연의 관계를 바꾼 『종의 기원』, 인간과 인간의 관계를 바꾼 『자본론』 그리고 인간과 자아의 관계를 바꾼 『꿈의 해석』이었다. 이 세 권의 책은 실제로 세계를 변화시켰다는 것 외에도 다른 두 가지 공통점이 있다. 첫째, 이 책들은 오래 읽거나 반복해서 읽을 만하며, 둘째, 이 책들에 관해 수많은 통속적 단순화가 시도되는 과정에서 종종 치명적인 문제를 가진 견해들이 출현했다는 점이다.

이 강좌는 사실 내게도 이 책들을 다시 읽어야 하는 충분한 이유를 제공했다. 학생 때부터 시작해 연구자가 되고, 또 독립적인 학자가 되어서도 나는 줄곧 19세기에서 20세기로 접어드는 시기의 서양사상사에 깊은 흥미를 갖고 있었다. 그 시대에는 신선하고 자극적인 관념과 사상이 숱하게 탄생했으며, 그 관념과 사상은 인간이 사물을 대하는 방식을 좌우했고 놀랄 만한 변화의 힘을 발휘했다. 지금까지도 우리의 삶은 대부분 그 관념과 사상이 창조해 낸 틀 안에 존재한다. 이러한 사상적 배경과 관심으로 인해 나는 끊임없이 이 분야의 독서를 확대하고 많은 메모를 남긴 바 있다. 그리고 이제 다시 그 고전들을 읽게 되자 더 커다란 기쁨을 느꼈다.

내가 강좌를 통해 제공한 것은 그런 기쁨에서 나온 갖가지 연관물이었다. 그 책들은 수강생이 스스로 읽어야 했기 때문에 책에 어떤 내용이 나오는지 내가 굳이 설명할 필요도 없었고, 설명해서도 안 되었다. 내가 제공해야 하는 것은 사상사에 대한 나의 인식에 의거해 왜 그 시대에 그런 책이 나왔는지, 왜 당시에 그런 책과 사상이 주목을 받았는지, 또 왜 그런 책과 사상이 후대까지 살아남아 '고전'이 되었는지를 설명하는 것이었다.

책의 내용은 책 스스로 이야기하게 하고, 나는 그 책과 외부 세계와의 관계에 대해 말했다. 책 속의 의미를 밖으로 퍼뜨리는 연결고리가 되고자 했다. 그럼으로써 책의 논리를 더 쉽고 분명하게 하여 책을 읽는 이들이 책 속에서 더 다원적이고 다각적인 영감을 얻을 수 있도록 노력했다. 그 덕분에 똑같은 시간을 들여 '고전'을 정독했더라도 그들은 여기서 좀 더 많은 수확을 얻었을 것이다.

물론 나는 다음과 같은 독서 경험을 더욱 권장한다. 어떤 '고전'을 읽으면, 그와 관련된 수많은 다른 텍스트들을 알게 되므로, 읽으면서 그다음 책을 읽고 싶은 충동이 생긴다. 혹은 영화를 보고 싶거나 교향악을 듣고 싶을 수도 있다. '고전'은 독서의 종점이 아니라 그 이후의 정신의 여정을 계획하게 하는 매개점이다.

토마스 만은 소설 『파우스트 박사』의 후기에서 "음악을 한 번만 들을 수 없는 것처럼 책도 한 번만 읽을 수 없다"라고 말했다. 책을 처음 읽을 때 우리는 궁금증을 가지고 책의 줄거리나 논리를 좇는 데 그친다. 책 속의 심오한 부분을 진정으로 느껴 볼 겨를이 없다. 마음을 열고 책과 대면할 겨를은 더더욱 없다. 책을 읽더라도 얻는 것보다 놓치는 것이 훨씬 더 많다. 그래서 두 번, 세 번, 다시 읽는 수밖에 없다. 마치 어떤 음악을 두 번, 세 번, 열 번까지 들어서 그 선율과 리듬에 익숙해져야 비로소 화성의 배치와 성부의 호응, 구조의 이치가 귀에 들어오는 것과 마찬가지다. 그리고 더 중요한 것은, 그래야만 작가의 마음과 독자의 삶 사이의 관계까지 파악할 수 있다.

나는 바로 이 '다시 읽기'의 환경을 제공했다. 관련 자료를 참고하며 그 고전들을 다시 읽었을 뿐만 아니라, 그 고전들을 처음 읽는 이도 다소 유사하게나마 '다시 읽기'의 즐거움을 얻을 수 있게 배려했다. 그러므로 그들은 그 책들의 심오한 점을 앞당겨 포착하고, 책 속의 관념과 사상이 자신들의 현재의 삶과 어떤 관계가 있는지도 감지할 수 있었을 것이다.

『종의 기원』이 1859년 말에 정식 출간된 이래로 2009년인 지금까지 정확히 150년이 지났다. 이에 맞춰 출판계에서는 다윈에 관한 책을 많이 출간했다. 그것들 대부분을 훑어본 후, 나는 아쉬운 점들을 발견했다. 첫째는 거의 번역서라는 점이었고, 둘째는 독자가 원점으로 돌아가 『종의 기원』을 읽을 수 있도록 도와줄 만한 책은 찾기 힘들다는 점이었다. 그런 책들이 많으면 많을수록 사람들은 오히려 『종의 기원』으로부터 멀어지고 『종의 기원』을 읽어야 할 필요성도 못 느끼게 된다. 고전 읽기의 첫걸음은 다윈과 진화론에 대한 인식인데 말이다.

이런 아쉬움과 불안감으로 인하여 올해 중반에 나는 몇 년 전 '청핀 강좌'에서 『종의 기원』에 관해 강의했던 내용을 정리해 출판하기로 결정했다. 그리고 마이톈麥田출판사의 협조를 얻어 『종의 기원』 출간 150주년에 마침내 이 작은 책을 완성했다. 출간의 취지는 '청핀 강좌'에서의 초심과 다르지 않다. 누구든 이 책에서 자극을 받아 『종의 기원』을 읽거나, 본래 『종의 기원』을 읽으려던 사람이 이 책을 참고하여 더 많은 독서의 즐거움을 얻을 수 있기를 바란다.

ововеки
I

고전의 의의와 『종의 기원』의 지위

1

왜, 어떻게 고전을 읽어야 하나

고전에 관한 가장 간단하면서도 정확한 규정은 우리가 가장 많이 이야기하면서도 가장 적게 읽는 책이라는 것이다. 왜 가장 많이 이야기되면서도 가장 적게 읽히는 걸까? 그 이유는 고전으로 인정받은 책은 이 세상에 대단히 큰 영향을 끼쳤으며, 그 고전이 영향을 끼친 시대를 산 사람들은 그 책의 영향을 받지 않을 수 없기에 긍정적으로든 부정적으로든 갖가지 방식으로 그 책을 인용하곤 하기 때문이다.

다윈의 예를 보면, 『종의 기원』이 열띤 논쟁을 불러일으킨 뒤로 어느 누구도 생물의 변화를 언급할 때 다윈이 『종의 기원』에서 이야기한 내용을 거론하지 않을 수 없게 되었다.

또한 다윈을 믿고 숭배하는 사람들은 "다들 내 말은 못 믿어도 아마 다윈은 믿겠지?"라고 말한 뒤, 『종의 기원』을 줄줄이 인용하며 다윈이 뭐라고 말했는지 설명하곤 했다. 반대로 다윈의 적대자들은 "잘 들어 보라고. 이 다윈이라는 사람이 얼마나 황당한 이야기를 했는지 말이야"라고 말했다.

진정으로 위대한 영향력을 발휘한 고전은 끊임없이 인용되고 이야기되어 특수한 지위를 획득한다. 그럼으로써 사람들에게 읽지 않을 수 없는 책이라고 느끼게 하고 믿게 만든다. 이것이 바로 '필독서'다. 세상에 이토록 많은 책이 있지만 한 사람이 평생 읽을 수 있는 책은 과연 몇 권일까? 일본의 소설가 아쿠타가와 류노스케는 어느 날 집에 앉아 있다가 문득 자기가 도대체 몇 권의 책을 읽었는지 진지하게 헤아려 보고 싶어졌다. 그 계산을 끝낸 뒤에는 자기가 평생 몇 권의 책을 읽을 수 있는지 알고 싶었다. 그건 별로 어려운 문제가 아니었다. 먼저 한 사람이 평생 책을 읽을 수 있는 날이 며칠인지 계산하고, 그다음에 책 한 권을 읽는 데 평균적으로 몇 시간이 걸리는지 계산하자 금세 답이 나왔다. 계산을 마친 뒤, 아쿠타가와 류노스케는 왈칵 울음을 터뜨리고 말았다. 왜 그랬을까? 그는 자기가 아무리 성실한 독서가라 해도 평생 겨우 3천 권에서 4천 권밖에 책을 못 읽는다는 사실을 깨달았던 것이다.

따라서 어떤 책을 먼저 읽고, 어떤 책을 나중에 읽을 것인지를 필연적으로 선택해야 한다. 이때 판단 기준을 중요성에 비춰 본다면 반드시 고전을 먼저 읽어야 할 것이다. 사실 그런 책들은 '필독서'인 만큼 이미 교육 체계 안에 들어 있고, 공식적인 교육 과정에 따라 누구나 읽게 되어 있다. 그러나 고금의 모든 교육에는 한 가지 공통점이 있으니, 그것은 교육이 있으면 곧 꾀를 부릴 수 있는 지름길이, 다시 말해 참고서가 있다는 것이다. 고전이 교육 체계 안에 편입되면 어김없이 각양각색의 2차 축약본이 생기게 마련이다. 어느 마음씨 좋은 저자는 당장 이렇게 말할 것이다. "다윈을 이해하려고 굳이 500쪽이나 되는 책을 읽어야 하나요? 필요 없습니다. 30쪽이면 충분해요!"라고 말이다. 이 말에 감사하며 우리는 그 30쪽짜리 소책자를 읽거나, 교과서 안의 '농축된' 30쪽을 읽는다. 그러고 나서 "아, 다윈은 이렇구나. 『종의 기원』이 원래 이런 책이었구나!"라고 말한다.

고전은 축약해서는 안 된다

교육 체계에는 또 하나의 관습이 있다. 학습 단계에 따라 점점 축약이 심해진다. 처음에는 500쪽이 30쪽으로, 그다음에는 30쪽이 5쪽으로 축약된다. 중학교, 고등학교 교과서에서는 5쪽 중에서 2~3쪽만 남고, 초등학교 교과서로 오면 2쪽이 한 문단으로 줄어든다. 우리는 먼저 초등학교 교과서의 그 한 문단을 읽은 뒤, 중학교에서는 2쪽을, 고등학교에서는 3쪽을 읽는다. 그리고 고등학교를 마치고 나면 깨닫는다. "아, 원래 나는 다윈에 관해 몇 글자밖에 몰랐는데, 지금은 몇 배나 더 알고 있잖아. 이건 틀림없이 내가 다윈을 이해했다는 증거라고."

우리는 스스로 다윈을 읽었고, 다윈이 무엇을 이야기했는지 안다고 착각하고 있다. 사실 우리가 읽은 것은 2차적이고 축약된 판본이었는데도 말이다. 중요한 고전일수록 부수적인 축약본이 더 많고, 더 간편하기 마련이다. 그리고 간편함은 그 고전이 진정으로 무엇을 이야기하는지 우리가 나중에 보고 검증하는 것을 가로막는다. 이것이 바로 고전이 '사람들이 가장 많이 이야기하면서도 가장 적게 읽는 책'인 까닭이다. 많이 이야기되므로 읽는 사람이 적은 것, 여기에는 인과관계가 존재하는 것이다.

우리는 종종 고전을 읽지 않고도 많이 알고 있다고 착각한다. 그래서 어떤 고전들은 지금 새로이 온전하게 읽어볼 가치가 있다. 그러면 어떤 고전이 다시 읽을 만한 가치가 있고, 다시 읽어야만 하는가? 이 문제를 검토하려면 먼저 반대로 이렇게 물어야 한다. 지대한 영향을 끼친 고전 중에 다시 읽을 필요가 없는 책은 무엇일까? 사람들은 모두 뉴턴의 운동법칙을 알고 있다. 뉴턴이 발표한 역학 논문은 인간의 자연에 대한 인식을 완전히 바꾸고 현대물리학을 수립했다. 뉴턴은 현대물리학의 아버지이고, 라부아지에는 현대화학의 아버지다. 그러나 과학사에 지대한 흥미와 사명감을 가진 사람이 아니라면 굳이 뉴턴의 논문이나 라부아지에의 논문을 다시 읽을 필요가 없다.

과학사 연구자와 뉴턴 연구자도 뉴턴의 대표적인 논문을 읽는 데 흥미가 있어 보이지는 않는다. 최근 몇 년 사이, 과학사 분야에서 뉴턴을 다룬 책이 꽤 여러 권 출간되었다. 그중의 하나는 『독재자 뉴턴』*이며, 다른 하나는 『최후의 연금술사』The Last Sorcerer**이다. 이 책들의 저자인 과학사 연구자들은 뉴턴이라는 인물 자체에 가장 흥미를 느끼는 듯했다. 특히 그가 어떻게 현대 물리학의 아버지가 되었는지, 그 과정 중의 고심과 수단에 초점을 맞췄다. 뉴턴은 죽을 때까

---

* 데이비드 클라크(David Clarke)와 스티븐 클라크(Steven Clarke)가 쓴 책으로, 뉴턴이 다른 이들의 과학적 성취에 대해 품었던 적개심과 그의 어두운 내면이 묘사되어 있다.
** 이 책의 저자는 마이클 화이트(Michael White)이다. 뉴턴을 현대 과학의 아버지로 정의하면서도, 그가 못 말리는 연금술사로서 모순적인 성격을 지녔다고 서술한다. 그는 연금술의 종말과 과학의 시작이 교차하는 시대의 산증인이었다는 것이다.

지 연금술의 추종자였다고 한다. '최고의 과학자'가 동시에 '최후의 연금술사'였다는 것은 상당한 모순이며 무척 드라마틱하다. 이것을 어떻게 종합해서 이해해야만 할까? 이렇게 불가사의하고 병존하기 힘든 일이 그 시대, 뉴턴의 실제적인 삶의 정황이었다. 뉴턴에 대한 이런 논의는 흥미롭기도 하고 시사점도 많다. 그러나 뉴턴의 논문을 다시 읽을 필요는 없으며, 그의 역학 논문에서 새로운 의미를 읽어 내기도 쉽지 않다.

고전을 고르는 방법

제한된 시간 속에서도 읽어야만 하는 고전에는 몇 가지 중요한 조건이 있다. 첫째, 축약하기가 어려워서 축약하면 그 과정에서 내적인 힘과 의미를 잃어버리기 쉽다. 오늘날 우리가 뉴턴을 다시 읽을 필요가 없는 것은 그의 역학 논문이 축약하여 이해하기가 어렵지 않기 때문이다. 뉴턴이 관찰한 천체의 이동 같은 천문학적 현상은 지금도 똑같이 하늘에서 재현되고 있다. 우리는 뉴턴의 관찰을 본떠 그의 역학의 결론이 어떻게 나왔는지 이해할 수 있다. 굳이 그의 논문을 경유할 필요가 없다. 그러나 다윈의 책은 그렇지 않다. 『종의 기원』에는 축약 과정에서 탈락되기 십상인 수많은 기록과 추론이 들어 있다.

읽어야만 하는 고전의 둘째 조건은 오늘날의 환경에서 일반인도 어렵지 않게 읽을 수 있어야 한다는 것이다. 예컨대 나는 사람들이 모두 수론數論의 기본 훈련이 되어 있다고는 생각하지 않는다. 미적분도 누구나 배웠을 것 같지는 않다. 따라서 미적분을 배웠어야 읽을 수 있는 고전은 우리가 읽기에 적합하지 않다. 기본적으로 오늘날의 상식과 일반적인 독자의 입장으로 읽고 이해할 수 있는 것이어야 한다.

셋째 조건은 오늘날에도 그 책을 읽은 경험과 결과가 여전히 유쾌하고 흥미를 유발해야 한다는 것이다. 나는 요즘 몇몇 사람들이 선전하는 '무통無痛 학습법'이라는 것을 신뢰하지 않는다. 그들이 강조하는 '무통'은 곧 공부 과정이 재미있고 즐겁고 수월하다는 것인데, 나는 그것을 믿지 않는다. 진정한 공부는 반드시 그 사람의 능력의 한계를 시험하며 그런 시험을 거쳐야 공부의 성장이 가능하다. 우리가 책을 한 권 읽을 때, 처음부터 끝까지 재미있기만 하다면 우리는 그 책에서 배우는 게 아무것도 없을 것이다. 인류 문명에는 한 가지 기본적인 가치가 있다. 그것은 과거에서 누적된 창조의 유산이 우리가 본래 가진 개인 능력을 앞선다는 것이다.

우리는 그 유산 덕분에 유한한 삶의 한계를 뛰어넘어 지금과 같은 인류가 되었다. 따라서 공부의 즐거움은 노력을 통해 앎에 다다름으로써 얻어지는 자유에서 비롯된다고 볼 수 있다. 우리는 오늘날에도 우리에게 새로운 지식을 가르쳐 주고 이 세계를 이해하게끔 새로운 자유를 가져다주는 고전을 택해야 한다. 우리가 기꺼이 시간을 들여 그런 고전을 읽는다면, 그런 책을 읽지 않으면 절대로 향유할 수 없는 자유를 얻을 것이다.

2

『종의 기원』의 특수한 지위

　다윈의 『종의 기원』은 특수하다. 오늘날 어떤 생물 이론도, 또 어떤 생물학자의 주장도 먼저 다윈과 대화해야만 한다. 특히나 그가 제기한 '진화론'과 대화해야만 한다.

　오늘날 우리는 다양한 측면에서 '진화'를 이해할 수 있다. 종의 '진화'에서 개체의 '진화'까지, 분자의 '진화'에서 유전자의 '진화'까지 여러 측면이 있다. 그러나 어떤 측면의 '진화'도 생물 변화의 설명과 연관되면 다윈을 소홀히 하거나 무시할 수 없다.

　다윈은 지금까지도 우리의 지식 범주와 밀접하므로, 나는 다윈을 읽으면서 기본적으로 주석가의 태도를 취할 것이다. 여러분이 몇 장을 읽고 나면 아마도 내가 나서서 여러분의 해석을 도와야 할 부분이 생길 것이다. 물론 단어에 매달릴 경우는 별로 없다. 주로 왜 그때 그런 개념이 생겨났는지, 그 개념이 나중에 어떻게 변화하고 발전했는지를 설명할 것이다. 나는 여러분이 이런 방식으로 『종의 기원』을 읽고 이해해 일종의 명확한 자유를 얻을 수 있기를 기대한다. 그러고 나면 여러분은 서점의 서가에 꽂힌 수많은 생물학 관련 도서를 자유롭게 꺼내어 펼쳐 볼 수 있을 것이다. 가령 『다윈의 꿈의 연못』Darwin's Dreampond*이라는 책을 봐도 스스럼없이 앞의 도서 소개와 서문을 다 읽은 뒤, 곧바로 1장으로 넘어갈 수 있을 것이다. 이때 여러분은 어떻게 이 책에 접근할지 벌써 마음속에 계산이 설 게 분명하다. 왜냐하면 이미 다윈이 여러분의 뒤를 든든하게 밀어주고 있기 때문이다. 그래서 『다윈의 꿈의 연못』이 아무리 다채롭고 신기해도 여러분은 놀라지 않는다. 그만한 자신감과 여유가 생긴 것이다.

다윈의 학설과 다윈주의는 같지 않다

30쪽짜리 축약본을 읽는 것과 500쪽에 달하는 원서를 읽는 것은 어떤 차이가 있을까? 보통 축약본에서 접하는 것

---

* 이 책의 저자는 테이스 홀드스밋트(Tijs Goldschmidt)이다.

은 '다윈주의'이지 다윈의 학설이 아니다. '다윈주의'는 단 몇 마디로 요약이 가능하다. 다윈의 복잡한 내용을 단 몇 마디로 설명한다면 '다윈주의'는 얻을 수 있을지언정 다윈의 진정한 사상과 견해는 얻을 수 없다. 여러 가지 축약본을 읽고 종합 정리된 설명을 무수히 축적하더라도 본래의 복잡한 지식을 접하는 것과는 다르다. 이 세상에서 가장 번거로운 일은 이토록 복잡하고 수많은 현상을 축약해 아우르는 것이다. 그러나 다른 한편으로, 모든 것이 다 효과적이고 간단한 방법으로 처리되지는 않는다. 결국 우리는 복잡한 것들과 진실하게 대면할 마음의 준비를 갖춰 이 세계에 대한 이해의 기초로 삼는 동시에, 어떤 복잡한 것은 간단한 방법으로 포착하기가 불가능하다는 것을 인정해야 한다.

다윈이 말하고 주장한 것은 '다윈주의'와 같지 않다. '다윈주의'의 주요 내용은 다윈보다는 헉슬리**와 관계가 깊다. 헉슬리는 다윈의 친한 벗이자 제자였지만 다윈보다 훨씬 강렬하고 급한 성격의 소유자였다. 그는 다윈의 섬세하고 상세한 진화론을 매우 빠르고 간단한 방법으로 뭉뚱그려 정리했다. 그리고 타이완의 과학사 연구자 왕다오환王道還은 중국어

** 토머스 헉슬리(Thomas Huxley, 1825~1895)는 다윈의 이론을 적극 옹호하여 '다윈의 불독'으로 불렸다. 영국의 저명한 박물학자이며, 그의 저서인 『진화와 윤리』는 전 세계에 큰 영향을 끼쳤다. 그의 손자인 올더스 헉슬리(Aldous Huxley, 1894~1936)는 『멋진 신세계』의 저자이다. 이 책은 조지 오웰의 『1984』와 예브게니 자먀찐의 『우리들』과 함께 3대 반유토피아 소설로 꼽힌다.

판 『종의 기원』 책 소개에서 "19세기와 20세기의 교체기에 많은 학자들은 심지어 자연선택론이 이미 사멸에 이르렀다고 믿었다. 당시 유행하던 각양각색의 진화론에는 공통적으로 목적론적 우주관이 있었다"라고 말한 바 있다. 이 발언을 통해 왕다오환은 19세기 말, 20세기 초의 서양 생물학자들이 '자연선택'으로 진화의 원인을 설명한 다윈의 이론에 설득력이 있다고 믿지 않았음을 지적했다. 그러나 동시대에 헉슬리가 정리하고 해석해 널리 응용된 '다윈주의'는 오히려 크게 유행하였다. 따라서 그 시대에 '다윈주의'와 '자연선택설'이 유럽에서 외면당했다고 오인해서는 절대로 안 된다. 생물학으로서의 다윈 학설과 넓은 의미의 '다윈주의'는 그리 일치하지 않는다.

어떤 학과에도 넣을 수 없는 고전

타이완에는 한 가지 이상한 현상이 있다. 어떤 대학과 대학원에서도 기본 고전을 읽는 수업을 접하기가 힘들다. 기본 고전의 공통적인 특징은 영향력이 너무 크고 학과 구분을 초월하는 탓에 어떤 학과에도 넣기가 힘들다는 것이다. 타이완에는 100곳이나 되는 대학과 전문대, 수천 곳에 달하는 연구소가 있다. 그런데 왜 어느 한 곳도 수업을 개설할 때, 학생들이 반드시 다윈을 읽어야 한다는 생각을 못하는 걸까? 생물학과조차 그런 생각을 못하고 있다.

마르크스는 더욱 말할 필요도 없다. 마르크스를 어떤 학과에 넣어야 하는가? 경제학과? 철학과? 아니면 정치학과? 어느 학과에서 마르크스를 꼭 읽어야 한다고 인정할까? 니체도 마찬가지다. 니체는 철학과에 편입될 가능성이 가장 크지만, 철학과의 기준으로 보면 사실 니체는 엄밀한 의미에서 철학자라고 하기 힘들다. 철학사에서의 그의 비중과 위치는 아직까지도 커다란 논쟁거리다. 니체의 『차라투스트라는 이렇게 말했다』는 어록 형식으로 갖가지 기괴한 사유와 환상을 담은 책이다. 니체의 책은 시대정신Zeitgeist의 창조자인 동시에 시대정신의 상징이다. 사상과 가치가 빠르게 변화하던 그 시대에 유럽은 후기 낭만주의에서 모더니즘으로 발버둥질하며 힘겹게 나아가고 있었다. 니체의 광기는 그 전환기의 산물이었다. 따라서 니체를 이해하려면 그러한 시대정신을 재구축할 필요가 있다. 『차라투스트라는 이렇게 말했다』를 읽을 때는 꼭 리하르트 슈트라우스의 음악을 같이 듣는 게 좋다. 아울러 리스트까지 거슬러 올라가 확인하고 말러까지 참고하면 그 시대의 수많은 영역에서 일어나던 변화를 확인할 수 있다. 그 변화들이 겉으로는 흩어져 있는 것처럼 보이지만, 궁극적으로는 어떤 통합적 맥락이 내재해 있음을 느낄 수 있다. 『차라투스트라는 이렇게 말했다』는 바로 그 통합적 맥락의 빛나는 표현이자 상징이다.

또 다른 예는 프로이트의 『꿈의 해석』이다. 프로이트는 인간의 의식을 연구했고, 그 결과로 20세기 현대인을 위해 새로운 의식을 창조해 냈다. 그는 본래의 과제인 의식 연구를 위해 꿈에 관해 논의했다. 그런데 『꿈의 해석』을 시작으로, 잠재의식처럼 언어로 형용할 수 없고 이성의 범위 밖에 있는 것을 하나씩 발굴함으로써 20세기 사람에게 또 하나의 차원을 열어 주었다. 이는 19세기나 빅토리아 시대의 사람들은 느낄 수도 상상할 수도 없는 종류의 새로운 차원이었다.

예술, 특히 회화와 문학은 프로이트의 『꿈의 해석』이후 잠재의식 상태로부터 영감을 얻어 비로소 20세기 특유의 창조력을 분출해 냈다. 그래서 프로이트를 단순히 심리학 안에만 한정시켜 이야기해서는 안 된다. 이 때문에 정신의학에서는 자주 그를 이단으로 취급하곤 한다. 더구나 문학과나 미술학과 혹은 사학과도 프로이트에 대한 이해가 부족하다. 결국 모두가 프로이트를 읽지 않고, 읽을 필요가 없는 것이다!

우리는 프루스트도 읽지 않는다. 프루스트는 어떻게 읽

어야 하는가? 프루스트를 읽을 때는 비록 번역본을 읽더라도 최소한 그가 사용하는 프랑스어가 전달하는 메시지를 상상하고 흉내 낼 수 있어야 한다. 프랑스어를 몰라도 괜찮다. 그러나 이해해야 하며, 적어도 관심을 가져야 한다. 로망스 어족을 대표하는 프랑스어는 어떻게 전승되어 왔을까? 또 프랑스어의 가장 중요한 특색은 무엇일까? 여러분은 번역본을 읽으면서 끊임없이 멈추고 상상해야 한다. '본래 프랑스어 안에서 이것이 창출해 내는 효과는 무엇일까?'라는 식으로. 이 밖에 『잃어버린 시간을 찾아서』는 그 시대를 초월한, 현대인의 심리에 관한 투영도로서 그 후의 과학적 심리학의 인간 심리 연구보다 더 깊이가 있다. 아울러 이 고전의 가장 뛰어난 공헌은 인간이 주체로서 객관 세계를 대할 때 본래의 주객 이분법이란 전혀 적용되지 않으며 부정확하다는 것을 그려 낸 점이다. 프루스트는 지극히 섬세한 방식으로 인간이 어떻게 외부 세계를 오해하는지를 규명하기도 하고, 인간이 주관적으로 인지하는 객관적 환경에 얼마나 모순과 모호함이 가득한지를 이야기하기도 한다. 이 위대한 작품 역시 어떠한 학과에도 넣을 수 없다.

※ II

종의 변화와 『종의 기원』의 구조

1

종은 변화한다

　『종의 기원』은 다윈이 1859년 말에 출간한 책이다. 총 3부로 이루어진 이 책의 제1부는 1장에서 4장까지이며, '종은 변화한다'라는 기본 개념을 확립하는 데 목적을 두고 있다.
　서양 역사를 이해하려면 절대 놓치거나 잊어서는 안 되는 중요한 역사적 배경이 몇 가지 있다. 19세기 이전에 서양 역사의 기본적인 맥락과 주축은 기독교와 기독교회였다. 여기서 우리는 교회가 이 세계를 어떻게 해석했는지 짚고 넘어가야 한다. 기독교회가 이 세계를 해석하는 출발점은 하느님이 만물을 창조했다는 것이다. 이 명제는 아주 단순하면서도 이론의 여지가 없어서 당시 사람들은 교회의 말을 그대로 믿고 받아들였다. 그러나 이 단순한 명제는 뒤이어 복잡하고 어려우며 심지어 모순된 수많은 추론을 낳았다. 일례로 하느님이 창조한 이 세계는 바꿀 수 없는 것일까?

시간관의 변화

이 문제와 관련해 19세기 이전, 특히 르네상스 이후에 서양에서는 기본적으로 인간의 현상과 자연현상을 분리했다. 르네상스 시대는 '중세'의 정체된 개념에서 탈피해 시간을 새롭게 접목했다는 점에서 중대한 의의가 있다. 르네상스 시대 사람들은 이전 단계의 역사를 '중세 암흑기'라고 명명했다. '중세'가 '암흑기'인 이유 중 하나는 시간이 의미를 상실했다는 것 혹은 시간이 인간의 자산이 아니라 짐이었다는 것이다.

중세 사상을 연 가장 중요한 저서 가운데 하나는 성 아우구스티누스*의 『신국론』이다. 『신국론』에 따르면, 우리가 보고 경험하는 이 인간 세상은 진실한 세계가 아니라 '하느님의 나라'라는 이상 세계의 타락이자 환영일 뿐이다. 따라서 인간은 시간적이고 변화하는 인간 세상을 초월하고 하느님 숭배와 교회의 도움에 힘입어, '하느님의 나라'로 진입

---

* 성 아우구스티누스(St. Augustinus, 354~430)는 저명한 신학자이자 철학자이다. 저서로 『고백록』, 『신국론』 등이 있다.

할 수 있도록 노력해야 한다. '하느님의 나라'는 영원한 것이고, 그곳에서 시간은 멈춰 있다. 이것이야말로 좋고 옳은 것이다.

변화하고 시간적인 세계는 열등한 세계라는 중세의 가치관과 시간관은 르네상스 시대에 이르러 변화를 맞았다. 르네상스 시대의 사람들은 그리스와 로마 문명을 재조명하고 인간의 발전 과정을 고쳐 썼다. 그리스와 로마를 동경한 이들은 인류가 일찍이 눈부시고 아름다웠던 시대인 '고대'를 거쳤지만, 이후 '야만족'이 침입해 로마 제국을 무너뜨려 사람이 타락하고 사회도 부패하면서 '중세'에 접어들었다고 주장했다. 그 시대를 '중세'라고 부른 이유는 '중세'가 고전 시대와 르네상스 사이에 걸쳐 있고 문명의 연결을 가로막은 암흑기와 같았기 때문이다.

르네상스 시대 사람들은 역사를 되돌리려는 노력으로 고대의 휘황찬란한 문화를 이어받는 한편, '시간'과 시간관을 바로잡았다. 그들에게 시간은 아우구스티누스의 생각처럼 그렇게 부정적이고 나쁜 것이 아니었다. 인간은 시간 속에서 살고 있고 역사를 가지고 있으며, 역사 속에서 인간의 변화를 축적할 수 있었다.

이러한 개념은 19세기까지 줄곧 이어져 왔다. 바꿔 말해 사람들은 이제 인간이 변화한다고 믿었고, 인간의 변화는 부인할 수도 없고 부인해서도 안 되는 것이 되었다. 그렇다면 자연은 어떨까?

다윈이 살던 시대까지도 교회나 대다수 사람은 자연은 변화하지 않는다고 믿었다. 자연은 하느님의 천지창조 때 창조되었다. 하느님이 이렇게 창조한 자연은 반드시 그분의 섭리를 가지고 있으므로, 우리는 자연이 변화한다는 가설을 세울 필요가 없다고 생각했다. 하지만 그렇다면 아담이 경험하고 기록하고 명명한 자연계는 아담 이래로 기나긴 역사를 거치면서 우리가 오늘날 보는 그것과 반드시 똑같아야 한다. 산은 그대로 산이고, 바다는 그대로 바다이며, 뱀은 그대로 뱀이고, 사과는 그대로 사과여야 한다.

그러나 '아담이 없어도 에덴 동산은 변하지 않는다'는 신념은 17세기 이후 갖가지 충격을 받으면서 19세기에 끝내 흔들리고 말았다. '자연 불변'의 신념에 충격파를 던진 것은 화석 연구였다. 서양에서는 17~18세기에 화석이 무엇인지 이해하려는 진지한 시도가 이루어졌다. 화석에는 고대 동식물의 생태가 응집되어 있어서 화석을 통해 시간을 보는 것이 가능했다. 5만 년이나 10만 년 전 동식물의 모습도 볼 수 있게 된 것이다.

화석 연구는 18세기에 고지질학이 축적한 경험을 토대로 지질 시간 측정법을 알아내는 중대한 돌파구를 열었다. 그 전까지 사람들은 희한하고 기괴한 각종 방법으로 화석을 해석했다. 예를 들면, 화석이 올림포스 산의 신들이 남긴 흔적이라거나 하느님이 모세에게 준 계시라는 것 등이다. 그러나 18세기 이후 사람들은 이런 황당무계한 설들을 배제하고, 화석이 과거의 자연 생태가 남긴 흔적임을 보편적으로 받아들이기 시작했다. 게다가 화석의 존재 시간을 측정하고 계산하는 방법을 발견하면서 이와 연관된 의문들이 속속 생겨났다. 왜 화석에 남아 있는 동식물의 모습은 이 세상에 현존하는 동식물과 다른 것일까? 왜 화석에 남아 있는 것은 지금의 일부 생물과 유사하면서도 완전히 같지는 않을까? 화석에 남아 있는 것은 도대체 무엇인가? 그것과 우리가 실제 관찰하는 이 자연계 사이에는 대체 무슨 관계가 있는 것일까?

지리상의 대발견

더 큰 충격은 '지리상의 대발견'에서 비롯되었다. 15세기부터 크게 발달한 해상 탐험 및 이와 관련된 지리상의 대발견은 과거에는 상상하지도 못했던 다양한 지역으로 유럽인들을 인도했다. 그 지역에는 모두 유럽에는 없는 새로운 것들이 대단히 많았다.

서양의 항해사와 지리상의 대발견은 역사를 바꾸는 중대한 전환점이 되었지만, 그 안에는 불가사의한 요소가 내포되어 있었다. 하느님이 진짜로 존재한다는 가정 아래, 인류가 정말 하느님에 의해 바다에서 살도록 설계되지 않았다면 인간이 장시간 바다에서 지내는 것은 극복하기 어려운 극한의 도전에 가깝다. 이런 상황에서 당시 유럽인이 대체 어떤 귀신에 홀려서, 혹은 무슨 약을 잘못 먹어서 육지에서 잘 살다가 바다로 나가려 했는지를 밝히기란 쉽지 않다. 그러나 그 배후에는 분명 놀랄 만큼 강렬한 지적 욕구가 존재했을 것이다.

역사에 이름을 남긴 대항해가와 발견자는 매우 용감했지만, 이 용감함의 기반은 아주 취약했다. 콜럼버스*를 예로 들어 보자. 콜럼버스는 사실 멍청한 사람이었다. 그가 감히 미지의 항해 여정을 시도하게 된 것은 순전히 계산 착오 때문이었다. 콜럼버스는 죽을 때까지도 자신이 네 차례나 대서양을 건너 찾아간 곳이 인도 혹은 일본 최동단의 열도라고 믿었다. 그의 최대 업적은 신대륙을 발견한 것이지만, 정작 본인은 그곳이 신대륙임을 전혀 모른 채 동방으로 통하는 서

---

* 크리스토퍼 콜럼버스(Christopher Colombus, 1451~1506)는 항해가로서 1492년 10월 12일 아메리카 대륙에 첫발을 디뎠다. 이를 계기로 서구 사람들은 매해 10월 12일을 '콜럼버스의 날'로 기념하고 있다.

쪽 루트를 꾸준히 찾아 나섰다.

통속적인 일부 서적에서는 콜럼버스를 대단한 인물로 묘사하고 있다. 당시 누구도 지구가 둥글다고 믿지 않아 감히 서쪽 루트를 통해 동방으로 항해할 엄두를 내지 못했는데, 오직 콜럼버스만 멀리 내다보는 식견과 담력을 가졌다는 것이다. 이는 모두 오해다. 15세기 후반에 이미 전문적으로 발달된 지도 제작 기술로 항해가와 지도 제작자는 일찌감치 지구가 둥글다고 확신했다. 그들은 서쪽으로 계속 가면 결국 동방에 도달한다는 사실을 알고 있었다. 그렇다면 그들은 왜 이 루트를 선택하지 않았을까? 당시 계산법에 따라 유럽과 아시아 대륙이 전체 360도 중 160도를 점한다는 사실을 알았기 때문이다. 이런 상황에서 서쪽을 통해 동방으로 간다면 꼬박 지구 표면의 200도 거리를 가야만 했다. 이 얼마나 비경제적인 일인가!

반면 콜럼버스의 계산법은 다른 사람과 전혀 달랐다. 그는 유럽과 아시아 대륙의 면적이 180도를 차지한다고 주장하고, 이어서 마르코 폴로가 『동방견문록』에서 일본이 중국에서 동쪽으로 30도 거리만큼 떨어져 있음을 증명했다고 여겼다. 따라서 만약 일본을 목표로 삼는다면 항해 거리는 150도에 불과했다. 게다가 스페인이 아니라 카나리아 제도에서 출발하면 9도를 더 줄일 수 있어서 140도 정도만 항해하면 동방에 이른다는 결론이 나왔다. 그러나 그가 주장한 중국과 일본의 거리 및 스페인과 카나리아 제도 사이의 거리는 모두 계산 착오이자 과장이었음이 증명되었다. 또한 그는 거리 단위를 환산할 때 많은 사람이 '해리'로 표기한 것을 '마일'로 바꾸는 실수를 범했다. 이렇게 계산함으로써 그는 서쪽 루트를 통해 동방으로 가는 거리가 동쪽 루트보다 비교적 가깝다고 확신했다.

간단히 말해 콜럼버스가 계산해 낸 항해 거리는 실제 거리의 절반에 불과했던 까닭에 그는 용감하게 항해에 나설 수 있었던 것이다. 당시 유럽인은 유럽과 아시아 사이에 거대한 아메리카 대륙이 놓여 있다는 사실을 전혀 몰랐으므로 그의 계산 착오는 어떤 반대에도 부딪히지 않았다. 아메리카 대륙과 유럽과의 거리는 콜럼버스가 계산한, 스페인에서 아시아 동쪽과의 거리와 비슷하여 그는 줄곧 자신이 동방에 도착했다고 믿었다.

훗날 콜럼버스를 미화한 수많은 전설은 역사적 사실과 종종 부합하지 않는다. 그가 데리고 간 선원들은 아무리 가도 육지가 보이지 않자 언젠가 세상 끝에 다다라 끝이 없는 폭포 아래로 떨어질 것이라고 매우 두려워했는데, 오직 콜럼버스 혼자만 침착을 유지하고 자신감과 용기로 선원들의 마음을 진정시켰다는 이야기를 읽거나 들어 봤을 것이다. 그런데 그가 선원들을 안심시키려 생각해 낸 방법을 적은 역사책을 읽거나 들어 본 적이 있는가? 콜럼버스는 항해일지를 두 권 마련해 한 권은 오가는 선원이 모두 볼 수 있도록 선장실 탁자에 놓아두었다. 그리고 나머지 한 권은 몰래 서랍 속에 숨겨 두었다. 서랍 속의 일지에는 오늘 얼마나 항해했고, 출발 지점에서 얼마나 멀리 왔는지 등 그가 세심하게 예측한 항해 거리를 기록했다. 반면 선장실의 일지에는 일부러 절반으로 줄인 항해 거리를 기록해 선원들을 안심시켰다. 그러나 역사학자들은 그가 거짓으로 적은 공개 일지의 수치가 외려 실제와 더 근접하다는 사실을 밝혀냈다.

콜럼버스 같은 항해가를 격려했던 요소로는 모험과 스릴, 부자가 되고 명성을 떨칠 기회 혹은 남들이 가 보지 않은 땅을 밟는다는 기대 외에 한 가지가 더 있었다. 바로 각 지역 특유의 동식물을 발견하고 그 안에서 하느님이 창조한 세계를 더욱 완벽하게 이해하는 것이었다. 특히 18세기 이후에는 중요한 원양 항해마다 배에 박물학자가 꼭 함께 탑승했다. 박물학자의 주요 임무는 각지의 표본을 수집하여 새로운 지식 체계를 수립하는 것이었다. 이들이 수집한 물건을 유럽으로 가져오면서 18~19세기에 '분류학'이라는 새로운 분야가 크게 발전하게 되었다. 물론 그전에도 유럽인이 분류를 이해하지 못하거나 시행하지 않은 것은 아니지만 이를 계기로 분류학은 더욱 중요한 학문으로 자리 잡았다. 쉴 새 없이 각지를 항해하며 대량으로 들여오는 신기하고 희한한 동식물 표본을 처리하려면 반드시 분류학이 필요했다. 물리적 시간이 부족한 상황에서는 일단 그것들을 먼저 분류한 후 연관성을 파악하고, 분류 체계에 따라 끊임없이 늘어나는 자연 자료를 배열했다.

린네의 분류학

린네*는 분류학에서 가장 핵심적인 학자이다. 그가 수립한 분류학 체계는 오늘날에도 여전히 통용되고 있다. 당시 린네는 분류 연구를 진행하면서 커다란 고민에 빠졌다. 각지에서 온 서로 다른 동식물을 발견되고 채집된 지역에 따라 분류해야 할까, 아니면 외형상의 유사점을 분류 기준으로 삼아야 하는 것일까? 오늘날 통용되는 생물 분류 체계인 '종속과목강문계'는 유사성을 분류 기준으로 삼은 것이다. 그러나 이 과정에서 린네는 반드시 지역성을 고려해야 한다는 압력

---

* 칼 폰 린네(Carl von Linné, 1707~1778)는 스웨덴의 박물학자로 현대 생물 분류학의 기초를 확립했다.

에서 벗어나지 못했다. 이 압력은 바로 하느님이 이 세계를 창조했다는 이치에서 비롯되었다. 이 이치대로라면 유럽인이 전혀 모르고 가 본 적도 없는 지역의 동식물 역시 하느님이 창조한 것이 옳다. 따라서 지역성을 고려하지 않는 것은 하느님의 설계를 부정하는 것은 아닐지라도 최소한 하느님의 섭리를 일부 빠뜨리는 것이 된다.

갈수록 많은 표본이 분류학자 앞에 던져지면서 그들은 서로 다른 지역에서 온 동식물이 확연히 다르다는 사실을 발견했다. 아프리카의 동식물은 중남미에서 온 것과 달랐고, 중남미도 본토 육지의 동식물이 주변 군도의 것과 같지 않았다. 그러나 당시에는 이런 지역성의 차이를 확인할 방법이 전혀 없었다. 게다가 유럽에서 멀리 떨어질수록 생물의 형태가 달라지는 것도 아니었다. 예를 들면, 유럽에 A와 B라는 종이 있는데, 까마득히 먼 아메리카 대륙에서 A와 B의 중간 형태를 띤 종이 발견되는 경우도 있었다. 왜 이런 일이 일어나는 것일까? 분류와 지역성에 관한 논의는 다윈이 해답을 찾으려 한 '종은 대체 어디서 온 것일까?'라는 큰 문제로 서서히 옮겨 갔다.

2

『종의 기원』의 구조

『종의 기원』이라는 책 이름은 바로 이런 거대한 의혹에서 출발한다. 종은 왜 생겨난 것일까? 종의 차이와 분포는 어떤 원칙을 따르는 것일까? 다윈은 1859년에 이 책을 쫓기다시피 출간했는데, 이유는 윌리스*가 유사한 연구와 견해를 잇달아 발표했기 때문이다. 20년 가까이 이 책에 모든 것을 바친 다윈으로서는 분명 자신이 먼저 발견한 것이 다른 사람 이름으로 나오는 것을 원치 않았을 것이다. 그래서 그는 이를 악물고 책을 출판하기로 결심했다.

그렇다면 그는 왜 그렇게 오랫동안 자신이 발견한 것을 발표하지 않았을까? 그는 자신의 견해와 연구가 당시 주류

---

* 앨프레드 러셀 월리스(Alfred Russel Wallace, 1823~1913)는 영국의 인류학자로 '자연선택' 이론을 제기하여 다윈의 진화론 발표를 재촉했다.

를 이루던 창조론자와 직접적인 충돌을 빚으리란 사실을 잘 알았다. 창조론자의 신앙에 이 책이 무슨 필요가 있겠는가? 종이 무엇이고, 어디서 왔는지에 대한 해답은 아주 간단했다. 그것은 곧 '하느님의 뜻'God's Will이다. 하느님이 이 세계를 창조했으니 종은 물론 세상 만물이 모두 하느님에게서 온 것일 뿐이다.

다윈은 종의 기원을 탐구하고 이 문제를 제기하여 창조론자의 전제를 거부했다. 그는 『종의 기원』의 제1부인 1~4장에서 '종은 변화한다'는 명확한 기본 개념을 제시하고, 이를 통해 자신의 논점을 수립했다. 창조론자들은 오랫동안 역사가 인간에게만 있고 자연에는 없다고 여겨 왔다. 이런 관념 속에서 종이 변화할 공간은 어디에도 없다. 세상에는 셀 수 없이 많은 생물 종이 존재한다. 이는 부인할 수 없는 사실이다. 그렇다면 이 종들은 어떻게 생겨난 것일까? 하느님이 이곳의 청개구리를 창조하면서 저곳의 청개구리와 다르게 만든 것뿐이다! 『성서』에도 하느님이 몇 종의 생물을 창조했는지 나와 있지 않다. 그래서 창조론자들은 새로운 종이 발견되면, 하느님이 창조한 것을 우리가 모두 알 수는 없으며 이것이 인간 지식의 한계라고 말한다. 인간은 새로운 어떤 것도 발견할 수 없으며, 모든 사물은 하느님의 전지전능

찰스 다윈 ● 1881년, 사진 스튜디오 엘리엇 앤드 프라이(Elliott & Fry) 촬영

한 능력으로 창조된 것일 따름이다.

다윈은 이런 단순한 답안에 도전장을 던지고 이렇게 말했다. "오늘날 우리가 보는 다양한 생물 종은 다른 종이 변화한 것이다. 종은 항상 이 종에서 다른 종으로 변화한다." 두 종의 청개구리는 왜 외형이 흡사하면서도 사소한 부분에서 다른 점이 발견될까? 그것은 그중 한 종이 다른 종으로부터 변화했기 때문이다. 『종의 기원』 1~4장에서는 '종은 변화한다'라는 '진화'Evolution의 기본 개념이 확립된다.

제2부인 5~9장에서 다윈은 가상의 논적과 변론을 진행한다. 종의 변화는 몇 가지 이론으로 설명할 수 있을까? 종의 변화와 관련해 어떤 반증을 제시할 수 있을까? 여기에서 다윈은 스스로 보고 듣고 상상한 반대 의견을 일일이 나열한 후 하나하나 세심하고 참을성 있게 반박하고 있다.

그리고 제3부인 10~14장에서는 앞에서 논한 각종 관점을 종합하는 한편, 자연사의 방법론을 수립한다. '자연사의 방법론'이란 무엇일까? 자연에도 역사가 있어서 오늘날 우리가 보는 자연은 시간의 변화에 의해 만들어졌다는 이론이다. 그러나 수만 년 전으로 돌아갈 수 없는 지금의 상황에서 당시의 자연환경이 지금과 완전히 다르다는 사실을 어떻게 알 수 있을까? 또 자연이 어떤 방법으로 서서히 변화했는지 어떻게 알아낼 수 있을까? 다윈은 여기서 여러 가지 실험을 통해 서로 다른 방법과 관점으로 자연이 어떻게 변화했는지 설명한다.

다윈의 네 가지 방법

스티븐 제이 굴드Stephen Jay Gould는 그의 대작『진화 이론의 구조』The Structure of Evolutionary Theory에서 한 장을 할애해『종의 기원』에 대해 설명했다. 그는 다윈의 네 가지 방법을 정리하여 우리가 자연의 역사를 이해하고 탐구하는 데 도움을 주었다.

첫 번째 방법은 현존하는 생물을 통해 과거의 상황을 미루어 짐작하는 것이다. 『종의 기원』에서는 집비둘기로부터 이야기를 시작한다. 집에서 기르는 비둘기는 대대로 눈으로 관찰해 온 것이어서 변화를 명확하게 이해할 수 있었다. 만약 서로 다른 환경 조건에서 집비둘기의 종의 변화가 일어났다면 시간에 관계없이 과거의 동물도 서로 다른 환경 조건에서 자라며 변화를 일으킨다고 유추할 수 있다.

다윈이 마지막 저서에서 연구한 대상은 상당히 의아한 면이 있다. 당시 그는 이미 명성이 자자했고, 영국에서 가장 추앙받는 사람인 동시에 증오의 대상이기도 했다. 그는 말년의 마지막 저서에서 지렁이를 소재로 선택했다. 지렁이가 이 위대한 생물학자에게 과연 연구할 가치가 있는 대상이었을까? 굴드는 이렇게 설명했다. "다윈은 일부러 우리가 가장 하찮게 여기는 것을 택해 현실 속의 자잘한 현상으로 파고들어가, 이 세계와 자연이 어떻게 변화했는지 이해하도록 돕고 있다." 다윈은 지렁이가 지표의 변화를 일으킨다는 점에 주목했다. 지렁이로 인해 새로 생성된 각각의 토양을 정리한 자료는 영국의 표토 형성과 형태 변화 연구를 한 단계 더 발전시켰다. 이 방법을 택한 이유는 현재 관찰 가능한 지렁이의 행동을 통해 과거 지렁이의 행동을 유추할 수 있기 때문이다. 이것이 첫 번째 방법이자 원칙이다.

두 번째 방법은 '배열'이다. 일부 생물 종은 외형상 특징이 매우 흡사하면서도 특수 기관 혹은 신체 기능에서 차이를 보이므로 이런 차이를 분류하여 늘어놓을 수 있다. 예를 들어, 목의 길이가 가장 짧은 것에서 가장 긴 것까지 차례로 늘어놓거나 바다 어류의 아가미를 기능 면에서 가장 퇴화한 것부터 가장 발달한 것까지 늘어놓는 식이다. 배열을 통해 우리는 생물의 수많은 변화 정보를 얻고 변화의 방향과 순서를 추론해 볼 수 있다.

훗날 생물학자들은 연구를 거쳐 다윈이 『종의 기원』에서 수많은 오류를 범했음을 잇달아 증명했다. 그가 범한 중대한 오류 중 하나는 아가미와 폐의 진화 순서를 거꾸로 이해했다는 점이다. 다윈은 아가미를 폐보다 더 뛰어난 호흡기관으로 여겼다. 그러나 이런 오류가 다윈이 당시 획기적인 배열법을 제기했다는 사실에는 영향을 미치지 않는다. 갖가지 서로 다른 차이에 따라 생물 종을 몫몫이 늘어놓으면 서로 다른 환경에서 기관과 기능이 어떻게 발달하고 퇴화했는지, 혹은 신체의 어느 부분이 유달리 변화했는지 대략적으로 이해할 수 있다. 이것이 두 번째 원칙이다.

만약 유추와 배열로 종 관계에서 인과의 실마리를 찾을 수 없다면 어떻게 해야 할까? 또는 어느 종의 위치를 명확히 확정할 수 없다면 어떻게 해야 할까? 다윈의 세 번째 방법은 각기 취약점을 지닌 여러 종을 한곳에 모아 잠시 '잡탕'을 만든 다음, 그 안의 요소들을 상호 보완하고 변증하여 최종적으로 가장 유용한 실마리를 찾아내 가장 설득력 있는 해답으로 이끄는 것이다.

다윈은 『종의 기원』 마지막 다섯 장에 방대한 분량을 할애하여, 남아메리카 대륙 군도와 본토 생물 간의 차이점을 탐색하고 창조론을 반박했다. 그는 단숨에 10종 혹은 11종

(어떤 기준으로 나누느냐에 따라 달라진다)의 생물을 제시하고 일일이 설명을 붙이면서, 정말 하느님이 종을 창조했다면 이런저런 현상이 왜 나타나는지 의문을 제기했다. 무질서해 보이는 이 현상들을 쭉 나열한 결과 구체적인 연관성이 나타났는데, 다윈은 만약 하느님이 창조론자의 신앙대로 이 세계를 창조했다면 이 현상들이 나타날 리 없다고 주장했다. 여기서 '잡탕'은 신기하게도 강력하고 효과가 뛰어난 약으로 변신했다. 이것이 다윈이 운용한 세 번째 법칙이다.

마지막으로 네 번째 중요한 방법은 현재 생물 종 자체에서 비효율적으로 보이는 부분을 찾아내는 것이다. 비효율적이란 어떤 생물의 어떤 기관이 현재의 환경에서 전혀 쓸모없어졌음을 가리킨다. 쓸모없는 기관이 생물의 몸에 달려 있는 이유는 무엇일까? 하느님이 할 일 없이 재미로 동물의 몸에 쓸모없는 꼬리를 달아 놓은 것일까? 아니면 이 동물이 과거의 생존 환경에서는 꼬리가 필요했지만 나중에 환경이 바뀌면서 꼬리를 쓸 일이 없어 기능을 상실한 것일까? 두 가지 가정 가운데 어느 쪽이 더 설득력이 있을까? 만약 한 가지 가정을 받아들인다면 종의 변화를 선택하는 쪽이 당연히 이치에 맞다.

다윈은 『종의 기원』의 마지막 다섯 장에서 논거를 수립하는 동시에 일련의 자연사 연구 방법론을 상세히 열거했다. 후대 사람들은 다윈의 이론 토대 위에서 이 네 가지 방법으로 자연사 연구를 급속도로 발전시켰다. 이 또한 절대 소홀히 할 수 없는 다윈의 위대한 공헌이다.

종의 변화와 자연선택

『종의 기원』에는 크게 두 가지 목적이 있다. 이 두 가지는 완전히 같은 것은 아니지만 서로 깊은 연관성을 지닌다. 다윈은 먼저 독자에게 '종은 변화한다'라는 개념을 설득시키려고 했다. 그는 파급력이 큰 수많은 증거를 나열하여, 독자의 마음속에 꿈쩍없이 자리 잡고 있던 자연관을 흔들어 놓았다. 낡은 자연관에서는 고양이, 개, 호랑이, 토끼 같은 모든 생물 종이 3천 년 전이나 3천만 년 전이나 똑같다. 다윈은 바로 이런 관념을 깨고자 했으며 진화가 사실임을 주장했다.

그러나 다윈은 진화가 사실임을 주장하는 외에 더 큰 야심을 가지고 있었다. 그는 진화의 이치가 무엇이고, 왜 진화하며, 어떻게 진화하는지에 대한 탐구에 나섰다. 그리고 그 결과가 '자연선택'이다. 생물은 환경에 적응하기 위해 갖가지 변화를 일으킨다. 그 변화는 아무리 미세하더라도 환경과 상호 작용을 거쳐 환경에 적응하는 과정에서 고착되고 남게 된다. 이것이야말로 생물의 진화를 촉진하는 가장 근본적인 힘이다.

종이 왜 이런 상태에서 저런 상태로 변화했는지를 이해하기 위해 10만 년의 시간 간격을 둔 두 종을 비교 대조해 결론을 얻기란 불가능하므로, 종이 서로 다른 환경에서 일으키는 수많은 미세한 변화를 인내심 있게 추적해야 한다. 진화는 모든 미세한 변화가 끊임없이 쌓이고 또 쌓여서 마침내 새로운 종이 탄생하는 것이다. 따라서 여기에는 새로운 시간 감각과 시간관이 존재한다. 자연사의 시간은 종의 변화를 척도로 삼는다. 이런 변화는 일상의 시간 기준에서 발생하지 않는다. 오늘 날씨가 갑자기 추워져서 우리 몸의 털이 두꺼워진다는 말이 아니다. 변화는 이렇게 발생하지 않는다. 그러나 날씨가 500년, 1천 년, 2만 년에 걸쳐 지속적으로 변화하고 미세한 변화가 쌓여 털이 비교적 두꺼운 사람이 환경에 적응하는 데 더 유리해지고 살아남은 사람 몸의 털이 서서히 두꺼워지고 많아진다면, 정말로 어느 날 인류의 몸에 털이 자라 더 이상 모피를 살 필요가 없어질지도 알 수 없는 노릇이다. 다만 그때에 이르면 우리를 죽이고 우리 몸의 모피를 벗기려는 또 다른 종이 출현할지도 모른다.

변화는 단시간에 이루어지는 것이 아니라 점진적인 것이고 축적되는 것이다. 왜 우리는 인류에게만 역사가 있고 자연과 생물은 역사가 없고 불변하다고 생각했던 것일까? 그 이유는 인류의 수명이 너무 짧아 이렇게 긴 척도의 시간을 볼 수 없기 때문이다. 따라서 자연의 역사를 이해하려면 무엇보다 기나긴 시간 동안 관찰할 수 있는 방법을 수립해야 한다. 수만 년, 수십만 년을 척도로 삼은 시간을 우리 삶에 끌어들인 시간 감각의 변화는 20세기에 중대한 의의를 지닌다.

다윈은 자연사 연구와 인류사 연구가 서로 매우 다르다는 점을 독자에게 인식시키고자 노력했다. 인류 역사는 주로 사건을 다루므로 상대적으로 연구하기가 수월하다. 우리는 워털루 전투나 1848년의 혁명을 연구할 수 있고, 심지어 1859년에 출판된 다윈의 『종의 기원』을 연구하는 것도 가능하다(이 책은 출판된 지 며칠 만에 매진될 정도로 삽시간에 팔려 나가 전 영국을 충격으로 몰아넣었다). 이런 연구 대상은 모두 사건이다. 반면 자연사에는 이렇게 많은 사건이 없다. 공룡의 멸종은 대사건이지만 수억 년 만에 한 번 발생한 것이 아닌가!

다윈은 공룡의 멸종을 연구하지 않았다. 그에게 자연사

의 이해란 수천 년, 수만 년, 수십만 년, 수천만 년에 걸쳐 일어난 점진적이고 방대하며 미세한 변화를 관찰하는 것일 뿐이다. 날카롭고 예민한 관찰력을 가지지 않으면 자연의 미묘한 변화를 제대로 볼 수 없을 뿐 아니라 이런 변화가 기나긴 시간에 투과되어 천 배, 만 배로 확대된 결과를 상상할 수 없다.

현대의 진화론자 스티븐 제이 굴드

다윈과 『종의 기원』을 이해하기 위해서는 특별히 앞서 소개한 스티븐 제이 굴드의 저서를 읽어 볼 것을 권한다. 굴드는 걸출한 교양과학 작가로 널리 알려져 있다. 그는 과학 잡지 『내추럴 히스토리』Natural History에 꼬박 25년간 총 300편의 칼럼을 기고했다. 그는 "삶이 천국이든 지옥이든, 혹은 세계적인 대회가 열리거나 암에 걸려도 원고를 빼먹은 적이 없었다"라는 명언을 남겼다. 메이저리그광인 그는 실제로 암을 앓으면서도 항상 제시간에 원고를 건넸다니 참으로 대단하다. 그는 25년 동안 칼럼을 기고하며 일정 분량이 되면 책으로 엮어 출간했는데, 대부분의 책이 베스트셀러가 되었다. 그중 『판다의 엄지』에서 '판다의 엄지'가 바로 앞에서 제기한 아무런 쓸모도 없는 '진화의 흔적'이다. 그러나 이것은 환경과 진화 사이의 관계를 밝히는 증거가 될 수 있다.

굴드는 대중적인 교양과학 작가일 뿐 아니라 오랜 기간 하버드대학에서 교수를 역임한, 매우 성실하고 뛰어난 진화론자이다. 2002년에 그는 『내추럴 히스토리』에 「시작의 종결」이라는 제목의 칼럼을 마지막으로 실으면서, 무려 25년간 칼럼을 기고한 이 잡지와 작별을 고했다. 그 시기에 그는 대작인 『진화 이론의 구조』를 출간했다. 이 책은 부록과 색인을 빼고도 무려 1,300쪽으로 구성되었으며, 일반 책꽂이에는 들어가지 않는 큰 판형에 글자도 아주 빽빽하다. 이 책에는 평생에 걸쳐 진화를 탐색한 그의 연구와 사상이 고스란히 담겨 있다. 그는 『내추럴 히스토리』의 칼럼 연재를 중단하고 『진화 이론의 구조』를 출판한 후 얼마 지나지 않아 향년 60세를 일기로 세상을 떠났다.

그의 필생의 역작인 『진화 이론의 구조』는 상당히 알차다. 1장에서 먼저 자신이 어떻게 생물학을 연구하게 됐는지를 설명한 다음, 2장에서는 소책자 분량에 가까운 60~70쪽을 할애하여 다윈의 『종의 기원』에 주해를 달았다. 그 부분은 내가 지금까지 읽어 본 중에 최고의 다윈 가이드이므로 한번 읽어 볼 것을 강력히 추천한다.

III

다윈 이전의 진화론

1

다윈의 가족

『종의 기원』을 펼치면 「이 책의 초판이 간행되기 전, 종의 기원과 관련된 학설의 발전」이라는 글이 나온다. 이 표제는 다윈이 이 책의 출간 전에 나온 학설을 정리하여 어떤 관점으로 종의 기원이라는 사실을 바라봐야 하는지 정리했음을 의미한다. 그러나 그가 어떻게 정리했든, 1801년 라마르크*의 견해를 여기저기에서 언급하면서 이 견해를 알아야만 진화 이론에 들어갈 수 있다는 주장은 솔직히 찬성하기 어렵다. 라마르크는 다윈이 인정한, 종은 변화한다는 개념을 최초로 제기한 인물이다.

---

* 장바티스트 라마르크(Jean-Baptiste Lamarck, 1744~1829)는 프랑스의 생물학자이다. 저서로는 『동물 철학』이 있으며, '획득성 유전'과 '용불용설'을 제기하여 그의 이론의 기초로 삼았다. 다윈은 그의 저서를 여러 차례 인용했다.

대다수 박물학자는 여전히 종은 불변하는 것이며 저마다 각각 창조된 것이라고 믿고 있다. 수많은 저자들이 이 관점을 교묘하게 지지했다. 한편 몇몇 박물학자는 종은 변이를 거쳤고, 현존하는 생물 종은 이전에 존재했던 종으로부터 진정한 생식에 의해 태어난 자손이라고 믿었다.

라마르크는 최초로 이 문제에 대해 주목을 끄는 결론을 내린 사람이었다. 명실상부하고 탁월한 박물학자인 그는 1801년에 처음 자신의 견해를 발표했다.

그는 인류를 포함한 모든 종은 다른 종에서 유래되었다는 설을 주장했다. 그는 최초로 무생물계는 물론 생물계에서도 모든 변화가 법칙의 결과이지 어떤 신성한 개입에 있지 않다는 사실을 환기시켰다는 점에서 탁월한 공헌을 했다.

다윈의 이 견해는 틀려도 한참 틀렸다. 그는 명백히 책 한 권을 빠뜨렸다. 그가 빠뜨린 책은 라마르크의 책보다 먼저 나왔을 뿐 아니라 라마르크가 분명 읽어 보았고 영향을 받았음이 확실해 보인다. 상하 두 권으로 나뉘어 각각 1794년과 1796년에 출간된 이 책의 이름은 『주노미아』Zoonomia이다. 'zoonomia'에서 'zoo'는 '동물군'을 가리키고, 'nomia'는 'name'과 어원이 같아 이를 합치면 '동물 명명학'이 된다. 명명은 당연히 일정한 법칙을 따르므로 내용은 '동물 분류학'까지 연관돼 있다.

다윈의 조부와 그의 『주노미아』

『주노미아』는 라마르크가 1801년에 발표한 견해와 공통된 점을 가지고 있으며, "생물은 처한 환경에 적응해 변화를 일으킨다"고 분명히 언급했다. 변화의 기본 형태는 훗날 라마르크라는 이름과 뗄 수 없는 '용불용설'用不用說이다.

일례로 인류의 엄지손가락의 뿌리를 살펴보면 유인원과 크게 다른 점을 알 수 있다. 인간의 엄지손가락은 바깥으로 구부러져 있고, 범아귀(엄지손가락과 집게손가락의 사이) 아래쪽은 구형의 근육으로 되어 있다. 용불용설에 따르면, 유인원은 손을 단지 나무를 타고 오르며 체중을 싣는 데에만 사용한다. 반면 새로운 환경에 직면한 인간은 손을 써서 물건을 쥐는 법을 학습해야 했다. 물건을 쥐려고 끊임없이 사용하면서, 엄지손가락은 마침내 물건을 좀 더 편하게 꽉 쥘 수 있는 구조로 변형되었다.

1794년에 출간된 『주노미아』에도 이와 유사한 견해가 담겨 있었다. 그런데 뜻밖에도 다윈이 이를 전혀 언급하지

이래즈머스 다윈 ◉ 1792년, 더비의 조지프 라이트(Joseph Wright of Derby) 그림

않은 것은 그저 부주의 때문이었을까? 믿기 어렵겠지만 이 책의 저자는 찰스 다윈의 조부인 이래즈머스 다윈*이다. 조부가 이렇게 중요한 책을 썼는데 손자가 주요 생물학 저서를 열거하면서 이를 언급조차 하지 않았다니 뭔가 냄새가 나지 않는가?

먼저 다윈의 가계를 소개하면 그가 처한 시대 및 그가 성장한 가정환경과 분위기를 이해할 수 있을 것이다. '다윈'은 그의 가문의 성姓이다. 『종의 기원』의 저자 이름은 찰스이고, 부친은 로버트, 조부는 이래즈머스이다. 부친은 혁혁한 가문의 존경받는 영국 신사였다. 의사 집안인 이 가문의 남자들은 찰스 다윈을 포함해 대대로 잉글랜드에 거주했지만 스코틀랜드의 에든버러에서 교육받고 훈련받았다. 그 이유는 스코틀랜드, 특히 에든버러가 당시 영국 의학의 중심지였기 때문이다.

'웨지우드' 도자기

다윈의 모친 역시 대단한 가문 출신이었다. 그녀의 성은 웨지우드Wedgwood로, 세계적으로 유명한 도자기 브랜드 '웨지우드'** 가문이다. 웨지우드를 창립한 조사이어 웨지우드

---

* 이래즈머스 다윈(Erasmus Darwin, 1731~1802)은 영국의 의학자이자 시인, 식물학자이다.
** 웨지우드는 1759년에 설립되어 지금까지 250년이 넘는 역사를 자랑한다. 웨지우드는 정치한 본차이나로 유명하다. 이 본차이

Josiah Wedgwood는 다윈의 외조부이자 크게 성공한 도자기 장인이었다.

어려서 아버지를 여읜 조사이어 웨지우드는 2년간 공부한 학교를 그만두고 집으로 돌아와 가업을 도왔다. 아버지가 남긴 가업은 대부분 그의 형이 물려받아 모든 것을 결정했다. 이를 견디다 못한 조사이어는 형을 찾아가 자신을 파트너로 인정해 주고 자신이 원하는 도자기를 굽게 해 달라고 요구했지만 형은 이를 허락하지 않았다. 이에 조사이어는 아예 형을 무시하고 그의 이웃과 합작해 자신의 가마를 만들어 도자기를 구웠다. 그리고 이 분야에서 확실하게 형과 가업을 뛰어넘었다.

조사이어 웨지우드가 형이나 다른 사람보다 크게 성공한 것은 당시 영국에서 활약하기 시작한 화학자 같은 특별한 친구들을 널리 사귄 덕분이었다. 조사이어는 화학자들과 교류하며 그들로부터 많은 지식과 영감을 얻었다.

오늘날까지도 웨지우드의 간판은 푸른 바탕에 흰색 부조를 입힌 것인데, 이는 이집트에서 출토된 고대 로마의 도기에서 유래했다. 이 도기가 출토될 당시에 푸른 바탕은 검게 보였다. 그러나 화학자들의 분석과 연구를 거쳐 이 바탕이 원래 선명한 푸른색이었음이 밝혀졌다. 이는 당시 세상을

이나 제품에는 동물 뼛가루가 51퍼센트 첨가되어 일반 도자기보다 훨씬 견고하고 쉽게 깨지지 않는다. 창립자인 조사이어 웨지우드는 1730년에 태어났다. 그가 1775년에 연구 개발한 '플로렌틴' 시리즈는 웨지우드 제품 중 가장 높이 평가받고 있다.

깜짝 놀라게 한 뉴스였다. 이 고대 로마 도기가 골동품 시장에 경매로 나오자 조사이어는 반색을 하며 경매에 참가했다. 당시의 그는 돈이 많지 않아 이 귀중한 옛 물건을 낙찰할 능력이 없었다. 그러나 그는 절대 포기하지 않고 낙찰자를 찾아가 도기를 빌린 다음, 지혜를 총동원해 화학자들이 말한 푸른 바탕에 흰색 부조를 입히려고 노력했다. 마침내 그는 모양이 완전히 똑같으면서도 색깔이 더욱 아름다운 도기를 만들어 냈고, 이로써 단숨에 영국 사회에서 주목을 받았다.

루나 클럽의 토론회

조사이어는 비록 학교 교육을 2년밖에 받지 못했지만 그의 생각과 방법은 그가 처한 시대 및 시대정신과 긴밀하게 호응했다. 그는 일반 도공들이 잘 모르고 접촉하지 않는 사람들과 교류하기 시작했다. 1730년생인 조사이어는 서른 살 무렵에 '루나 클럽'Lunar Club이라는 조직에 가입했다. 루나 클럽에서는 매달 보름이 되면 회원들이 작은 술집에 모여 고담준론을 나누었다. 그런데 이들은 왜 하필 보름날 모임을 열었던 것일까? 혹시 이들이 모두 늑대인간이어서 보름에 만나 변신하기 위해서였을까? 사실 여기에는 특별한 이유가 있었던 것이 아니라, 까놓고 말해 현실적인 고려가 있었다. 보름날 밤은 달빛이 매우 밝아 마차를 타고 가거나 걸어서 집에 돌아갈 때 길을 훤히 비춰 주지 않는가.

그렇다고 조사이어와 함께 술집에 모여 고담준론을 나누는 루나 클럽 무리를 얕봐서는 안 된다. 루나 클럽 멤버 가운데 조지프 프리스틀리Joseph Priestley는 산화질소, 암모니아, 염소 가스, 일산화탄소 등을 발견했고, 특히 산소의 발견으로 화학 연구의 신기원을 열었다. 여기서 조사이어가 왜 루나 클럽에 꼭 가입하려 했는지 쉽게 이해할 수 있다. 프리스틀리의 친한 친구 중에는 증기기관차를 발명한 제임스 와트James Watt도 있었다.

루나 클럽의 핵심 멤버 중 한 명은 윌리엄 스몰William Small이다. 영국인인 그는 훗날 영국 사회가 혼란에 빠지자 아예 미주 식민지로 이주해 교편을 잡았다. 그는 버지니아의 메리 칼리지에서 학생들을 가르치며 미국의 개국 공신인 토머스 잭슨Thomas Jackson이라는 유명 인사를 배출했다. 미국에서 학생들을 가르치고 영국으로 돌아온 윌리엄 스몰은 주영국 미국 대사로 파견된 벤저민 프랭클린Benjamin Franklin과 친분을 맺었다. 그리고 다시 프랭클린의 소개로 성공한 사업가인 매튜 볼턴Matthew Boulton과 사귀게 되어 그와 함께 루나 클럽을 결성했다.

　루나 클럽에서는 이미 영국왕립과학원에 이름을 올린 회원이자 또 두뇌가 뛰어나고 항상 특이한 생각을 하는 것으로 유명한 의사 겸 발명가를 특별 초청해 이 단체에 가입시켰다. 그가 바로 이래즈머스 다윈이었다. 이를 계기로 조사이어 웨지우드와 이래즈머스 다윈은 친밀하게 교류하는 사이가 되었다. 그때 두 사람의 자녀인 다윈의 아버지는 열세 살, 어머니는 열한 살이었다.

　이래즈머스 다윈은 루나 클럽에서 활발하게 활동했다. 의술이 매우 뛰어났던 그는 명성이 자자하고 돈도 많이 벌어 의사 생활을 하면서 어떤 어려움도 겪지 않았고, 한가할 때마다 다양한 취미를 즐겼다. 그는 늘 가지고 있었던 기발하고 엉뚱한 생각을 직접 실험에 옮겨 많은 발명품을 만들어 냈다. 그중 하나가 마차에 장착하는 쇼크 업소버(스프링의 신축 작용을 억제하여 차체를 안정시키는 충격 흡수 장치)였다. 그는 이 발명품을 자신의 마차에 설치하고 멀리 떨어진 환자에게 급히 왕진을 갈 때 사용했다. 덕분에 그는 마차가 아무리 빨리 달려도 전혀 흔들리지 않고 편안하게 갈 수 있었다.

　이래즈머스 다윈은 또한 전통 관념을 타파하려고 부단히 노력했다. 그는 최초로 물이 단일 원소가 아니라고 주장하며 이를 증명하려고 시도했다. 물론 그의 화학 실험 기술이 이를 증명할 수준에는 도달하지 못했지만 그렇다고 그의 업적이 폄하될 수는 없다. 그는 끓는 물의 증기로 에너지를 만들어 큰돈을 벌고 역사에도 이름을 남긴 제임스 와트와 물이 원소인지 아닌지를 놓고 여러 차례 토론을 벌이기도 했다.

다윈의 조부와 외조부는 모두 그 시대에 범상치 않은 인물이었다. 그들은 일반인과 달리 종교에 상당히 회의적이었고, 일반 영국인과 달리 미주 식민지의 독립 혁명을 지지했다. 한편 그들은 함께 힘을 합쳐 대대적인 사업을 전개했다.

조사이어 웨지우드는 도자기 사업이 날로 번창하자 마케팅 천재인 토머스 벤틀리Thomas Bentley를 파트너로 영입했다. 왕실 및 귀족과 친분이 두터웠던 벤틀리는 런던에서 진가를 발휘해 웨지우드 도자기의 판로를 넓혔다. 그가 따 온 주문 명단에는 유럽 귀족층까지 널리 포함되어 있어 웨지우드 시장을 크게 확장시켰다. 멀리 떨어진 러시아의 예카테리나 여왕까지도 웨지우드의 고객 명단에 이름을 올리고 식기 1,900벌이 포함된 대규모 주문을 넣어 세상을 깜짝 놀라게 했다. 러시아 여왕이 일개 영국 도자기 회사에 상상할 수 없이 많은 물량을 주문하고, 주문서를 받은 웨지우드도 제때에 물량을 납품한 사건은 사람들 입에 자주 오르내렸다. 벤틀리의 노력으로 사업이 확장되면서 웨지우드는 원래 있던 공장으로는 주문 물량을 대기 어려워 공장을 하나 더 세워야 했다.

공장을 세우는 것은 어렵지 않았다. 하지만 원료와 완제품 수송이 골칫거리였다. 원료인 도토陶土는 먼저 버밍엄 항에서 실어 옛 공장으로 운송해 일부를 내려놓고 나머지를 새 공장으로 운반해야 했다. 더 어려운 문제는 완제품 수송이었다. 앞에서 언급했지만 당시 육지를 달리는 마차 가운데 이래즈머스 다윈의 마차에만 그가 발명한 쇼크 업소버가 장착되어 있었다. 마차가 진흙 길을 가다가 심하게 흔들려 왕실과 귀족의 화려한 파티에 사용될 도자기 제품이 깨지기라도 한다면 후환이 두렵지 않겠는가? 조사이어가 이런 상황에 처했다면 머리털이 쭈뼛 서지 않았을까?

운하와 화석

이 문제를 해결할 열쇠는 수상 운송에 달려 있었다. 이에 조사이어는 두 공장을 연결하고 다시 버밍엄으로 통하는 운하를 건설할 꿈을 꾸었다. 수완이 대단히 뛰어난 이래즈머스에게 그가 이 꿈을 이야기한 것은 행운이었다. 이래즈머스가 자신이 아는 연줄을 총동원해 10년 동안 노력한 끝에 그들은 마침내 운하를 건설하게 되었다. 이 운하는 오늘날까지도 남아 있다.

그들이 판 운하의 총길이는 225킬로미터였는데, 건설 난이도가 매우 높았다. 운하를 파려면 고지대를 반드시 깎아야 하는 관계로 전 코스의 최고점과 최저점의 낙차가 무려 122미터에 달했기 때문이다.

운하를 파는 데 가장 중요한 공정은 흙을 한 층 한 층 파내는 것이다. 이래즈머스는 본래 친구를 도울 목적으로 이 공정에 참여했다가 나중에 웨지우드 가문과 사돈을 맺었다. 그는 이 공정에 점차 흥미를 느끼고 자주 현장을 찾아가 파낸 대량의 흙을 살펴보았다. 이렇게 한 층 한 층 파낸 흙은 최고의 천연 지질학과 화학 교실의 탐구 대상이나 다름없었다. 한 층 한 층은 서로 다른 토양으로 구성되어 있었고, 안에는 각종 화석들이 존재했다.

이래즈머스는 매일 현장으로 달려가 발굴한 화석을 조사한 다음 상세히 기록으로 남기고, 다시 화석에 남아 있는 동식물을 하나하나 분류했다. 그가 1794년에 펴낸 『주노미아』의 대다수 자료가 바로 이 운하를 팔 때 수집한 지질학과 화학 자료였다. 만약 운하를 파지 않았다면 이래즈머스 다윈은 이 자료들을 정리할 기회가 없었을 것이고, 고생물학에 대한 이론을 수립하기도 어려웠을 것이다. 그는 이 자료들을 완벽히 정리한 후 '종은 변화한다'는 중요한 결론을 얻었고, 종의 변화는 유전된다고 주장했다.

찰스 다윈은 진화론을 발표하기 전, 종의 변화 문제에서 주로 라마르크의 견해를 따랐다. 만약 내가 이집트에서 피라미드를 건설하는 데 참여했다고 가정한다면, 강도 높은 노동으로 인해 내 기골은 장대해질 것이다. 이로써 내 신체 구조는 내 아버지와 매우 다르게 변화하고, 나와 비교해 내 아버지는 야위고 작아 보일 것이다. 라마르크는 이것이 종이 변화하는 데 가장 중요한 원동력이라고 여겼다. 내가 매일 돌을 옮겨 기골이 장대해졌다면 내 아들은 나처럼 기골이 장대해지지 내 아버지처럼 야위고 작지 않을 것이다. 이것이 라마르크가 말한 종의 변화다. 내 아들도 나에게 물려받은 장대한 기골을 토대로 계속해서 변화할 것이다.

2

잘못 이해된 라마르크

 라마르크는 상당히 불운한 인물이었다. 먼저 현재 라마르크 하면 '용불용설'을 떠올리지만 '용불용설'이 라마르크의 견해 전부는 아니다. 심지어 그가 제기한 획기적인 생각 가운데 가장 중요한 부분도 아니다. 그런데도 오늘날 생물 교과서에는 진화론에서 라마르크가 오류의 장본인이고, 다윈이 '용불용설'을 뒤집었다고 나온다. 라마르크가 실제로 '용불용설'만을 주장하지 않았는데도 말이다.

 『종의 기원』 3장까지 읽어 보면 다윈이 라마르크를 선배로서 매우 존중했다는 사실을 똑똑히 알 수 있다. 다윈은 '용불용설'을 뒤집은 적이 없고, 당연히 이를 뒤집기 위해 쥐의 꼬리를 자르지도 않았다. 다윈이 쥐의 꼬리를 자르는 실험을 했다는 얘기를 들어 본 사람이 있을 것이다. 여러 대에 걸쳐 쥐의 꼬리를 잘라 어떤 현상이 일어나는지 실험했는데, 후대에 태어난 쥐 역시 모두 꼬리가 있었고, 이로써 쓰지 않는 기관도 퇴화하지 않는다는 사실이 증명되었다. 역사적으로 이런 실험을 한 사람은 있었지만 다윈은 결코 아니다. 그리고 이 실험의 목적은 다윈에게 의문을 제기하고 비판하기 위한 것이었다.

다윈은 생물의 몸에서 쓸모없어 보이는 부위를 특별히 중시했다. 판다에게는 왜 전혀 쓸모없는 엄지손가락이 있는 것일까? 다윈의 이론에 따르면 그 엄지손가락은 예전에는 쓸모가 있었지만 환경에 변화가 발생하면서 지금은 쓸모가 없어진 것이다. 쥐의 꼬리 역시 쓸모없어 보이는 부위다. 따라서 다윈의 이론대로라면 쥐의 꼬리는 과거의 환경에서 유용했다는 결론이 나온다. 어쩌면 나뭇가지를 말거나 나무를 오를 때 균형을 잡아 주는 기능을 하지 않았을까? 그렇다면 현재 쥐의 꼬리를 잘라 꼬리 없는 쥐가 진화의 전면에 나서면, 이 쥐는 거추장스러운 꼬리가 달린 쥐보다 생존경쟁에서 우위에 서야 옳다. 그러면 꼬리 없는 쥐는 서서히 우성이 되고 꼬리 있는 쥐는 점차 소멸될 것이다. 이처럼 쥐의 꼬리를 자르는 실험은 다윈의 이론을 반박하기 위한 것이었다.

다윈과 라마르크

다윈의 입지가 갈수록 탄탄해져 한 시대의 위인이 된 후 원래 다윈을 비판하려던 이런 사건들이 교묘하게 변형되어 다윈이 라마르크를 반박한 것으로 알려진 것이다! 다윈은 라마르크에게 명확히 논적의 입장을 취한 적이 없으며, 오히려 라마르크의 주장에 더욱 강력하고 중요한 요소를 더해 종의 변화 이론에 영향을 미쳤다. 그것은 바로 자연 속의 생존경쟁인 '자연선택'이다.

자연선택이란 만약 어떤 개체가 특별한 능력과 기능을 가지고 있다면 다른 개체와 공존하는 환경에서 더 수월하게 살아남고 더 많은 자손을 번식해 종 가운데 이런 능력과 기능을 갖춘 개체가 증가하게 되고, 일정 단계까지 증가하면 이 개체들이 생존 공간을 독점해 모든 개체가 이 능력과 기능을 가진 종으로 변한다는 것이다.

기린의 목은 왜 길어졌을까? 기린 한 마리가 높은 곳의 나뭇잎을 먹기 위해 목을 늘이려고 끊임없이 노력해 목이 점점 길어지면서 후대로 유전되었기 때문일까? 라마르크는 이것이 변화의 주요 원인이라고 믿었다. 그러나 다윈은 이러런 현상을 부정하지 않았지만 꼭 이것 때문만은 아니라고 밝혔다.

다윈에게 더욱 중요한 것은 다음과 같은 것이었다. 가령 무슨 이유인지는 모르겠지만 어떤 기린이 목이 길어져 다른 기린의 입이 닿지 않는 높은 곳의 나뭇잎을 먹을 수 있게 됐다고 하자. 이 기린은 이제 다른 기린과 낮은 곳의 나뭇잎을 두고 다툴 필요가 없어졌다. 굶을 걱정이 사라진 이 기린은 몸이 더욱 튼튼해졌고 교배 기회가 늘어나 똑같이 목이 긴 새끼 기린을 낳게 되었다. 이로써 목이 긴 기린이 우세를 점하고 갈수록 개체 수가 늘어나면서 마침내 모든 종의 목이 길어지게 된 것이다.

다윈의 조부인 이래즈머스는 이미 『주노미아』에서 종이 변화한다고 주장했다. 그가 이해한 종의 변화 방식은 라마르크와 비교적 가까웠다. 다윈이 이런 조부의 책을 읽어 보지 않았을 리 만무하고 조부의 영향을 받지 않기란 불가능했다는 점에 주목하자. 그가 조부에게서 받은 영향은 이뿐만이 아니었다.

오늘날까지도 생물 분류학에서는 '린네의 분류법'을 주로 사용한다. 그런데 린네의 분류법은 라틴어로 기록되어 있다. 라틴어가 그 시대에 학술 공통어였으므로 현재 우리가 쓰는 생물 분류 학명도 모두 라틴어로 되어 있고, 린네의 논문도 처음부터 끝까지 라틴어로 쓰였다.

그렇다면 린네가 분류법 체계를 확립한 가장 중요한 논문은 누가 영어로 번역했을까? 사료를 찾아보니 최초의 영문 번역자는 개인이 아니라 '리치필드 식물학회'라는 단체였다. 리치필드는 다윈의 고향이다. 그리고 '리치필드 식물학회'의 회장은 다름 아닌 이래즈머스 다윈이었다. 그는 린네의 논문 가운데 80퍼센트를 번역해 '린네의 분류학'을 영국에 본격 소개한 핵심 인물이었던 것이다.

시인과 원예가

이래즈머스 다윈은 그저 찰스 다윈의 조부로서만 알려질 인물이 아니었다. 이는 그가 스스로 역사에 이름을 남길 중요한 업적을 이루었다는 의미다. 생물학 분야에서 그의 이름은 손자에게 철저히 가려졌지만 문학사에서는 여전히 그 지위를 인정받는다.

오늘날 서양 학술계에서 이래즈머스 다윈이라는 이름을 접할 가능성이 가장 높은 사람은 낭만주의 시대의 시와 시인을 연구하는 학자이다. 영국 낭만주의를 연 대표적 시인으로는 윌리엄 워즈워스William Wordsworth와 새뮤얼 콜리지Samuel Coleridge가 있다. 친구 사이인 이 둘은 함께 시를 썼고, 시에 굳이 누구의 것인지 가리는 서명을 하지 않을 정도로 사이가 가까웠다. 낭만주의의 가장 중요한 특징 중 하나는 인간과 자연 사이의 관계 설정에 있다. 낭만주의의 낭만이라는 요소는 인간과 자연 사이의, 묘사하기 어렵지만 명확히 관련되어 있고 감정적인 것에서 비롯된다. 이것이 인간의 삶과 생명으로 확대돼 새로운 감수성과 미학이 창조됐다. 수많은 사료에는 워즈워스와 콜리지가 당시 베스트셀러인 어떤 시집에서 자연에 대한 영감을 주로 얻었다고 분명하게 기록되어 있다. 상하 두 권으로 이루어진 이 시집은 특이하게도 하권이 상권보다 먼저 출간되었다. 이 시집의 제목은 『식물원』Botanical Garden이며, 저자는 이래즈머스 다윈이다.

하권보다 늦은 1787년에 출간된 상권의 제목은 'The Economy of Vegetation'이다. 글자 그대로 풀이하면 '식물 생장의 경제'가 되지만 '식물 생장의 비밀'이라고 해석하는 편이 더 정확하다. 18세기 말 영국에서 'economy'는 지금과 다른 뜻으로 쓰였다. 오늘날 'economy'는 '경제', '경제학'을 뜻하지만 당시에는 '이 일에서 무엇이 가장 효율적이고 의미

린네 ● 1775년, 알렉상드르 로슬랭(Alexander Roslin)의 그림

있는 방식인가'를 가리켰다. 이 의미는 19세기 말까지 그대로 이어져 프로이트 역시 사용했다.

프로이트의 초기 작품을 보면 'Human Psychic Economy'라는 말이 자주 등장한다. 글자대로 번역하면 '인간 정신 경제학' 혹은 '인간 정신 경제'가 되는데, 이 말이 무슨 뜻인지 과연 이해하겠는가? 앞의 예를 프로이트에게도 적용하면 이 말은 '인간 정신의 비밀'이 된다. 인간의 정신 체계와 심리 체계는 유한하지만 정신 체계가 대응하는 외부 정보 자극은 무한대에 가깝다. 유한한 정신 자원으로 무한대에 가까운 외부 자극을 처리하는 선택과 과정이 곧 '정신 경제'Psychic Economy다.

1783년에 먼저 출간된 『식물원』 하권의 제목은 'The Love of Plants'이다. 이는 '식물의 사랑'으로 간단하게 번역할 수 있다. 이 시집의 특징은 처음부터 끝까지 각 행이 두 개의 대구로 이루어졌다는 점이다. 내용은 그야말로 식물학 백과사전과 같아서, 영국에서 볼 수 있는 모든 식물을 열거하고 그것들의 생김새와 냄새 및 사람과의 관계를 기록했다. 이래즈머스 다윈이 이런 책을 쓴 이유는 말년에 원예에 푹 빠져 있었기 때문이다. 그는 자신의 화원을 운영하며 갖가지 식물을 재배하는 실험을 진행했다.

여기까지 듣고 나면 손자 다윈의 태도가 더욱 불가사의하게 느껴질 것이다. 『종의 기원』의 첫 몇 장, 특히 1장에 식물 접목과 번식에 관한 내용이 다소 나오는데, 비록 그가 조부를 직접 본 적이 없기는 하지만, 이 지식들이 정말 조부와 전혀 관계가 없을까? 이것이 그저 완전한 우연의 일치일 리는 없다. 다윈은 분명 조부의 영향을 받았다. 그는 일부러 조부를 언급하지 않은 것이다.

세상을 바꾼 『종의 기원』의 영어 제목은 'The Origin of Species'이다. 그리고 놀랍게도 찰스 다윈의 조부가 오랜 시간 꿈꾸고 계획했지만 결국 쓰지 못한 책의 제목은 'The Origin of Society'이다. 물론 이 책은 '사회의 기원'을 다루고 있지 않다. 이래즈머스 다윈이 말한 'Society'는 우리가 아는 사회가 아니다. 그가 관심을 가진 것은 '집단'의 기원이었다. 중년과 말년에 생물학자이자 특히 식물학자였던 그는 우리 사회를 연구하는 데 별 흥미가 없었다. 그가 자나 깨나 쓰고 싶었던 책은 동물계와 식물계의 집단이 어떻게 형성되었는지에 관한 내용이었다.

이 자료들을 종합해 보면 손자 다윈이 조부가 'The Origin of Society'의 초고에서 쓴 견해를 도용하지 않았을까 하는 의심이 들고, 적어도 초고 안의 주요 내용을 인용했으리라 믿게 된다. 그렇지 않다면 그가 쓴 책의 제목이 공교롭게도 'The Origin of Species'일 리 있겠는가. 다윈이 40여 세 때 쓴「종의 변화에 대한 기록」Notes on the Transmutation of Species이라는 논문은 세상에 그다지 알려져 있지 않다. 그런데 이 논문의 1장 제목이 바로 우리가 앞에서 살펴본 '주노미아'다. 이는 통용되는 영문이 아니라 이래즈머스 다윈이 라틴어 두 글자를 합성해 발명한 신조어다.

이런 가정에서 자란 찰스 다윈은 사실 조부의 어깨 위에 서서 자신의 업적을 이룩했다고 해도 과언이 아니다. 그런데 그는 왜 '종의 기원'에 대한 견해를 사람들에게 밝힐 때 유독 자신의 조부를 빠뜨린 것일까? 이는 흥미로우면서도 중요한 문제이므로 뒤에서 계속 그 이유를 추적해 보자.

IV

창조론과 생존경쟁 : 『종의 기원』 1~3장

1

하느님의 창조론에 도전하다

「이 책의 초판이 간행되기 전, 종의 기원과 관련된 학설의 발전」의 내용 가운데 또 한 가지 중요한 문제를 짚고 넘어가야 한다. '종의 기원'과 관련된 과거의 견해를 정리하고 밝힌 이 글에서 뜻밖에도 '창조론'은 단 한마디도 언급되지 않는다는 점이다!

이는 사실 다윈의 논증 전략을 보여 준다. 그는 정통한 수많은 논증을 펼치기에 앞서, 독자들이 다른 생각을 하지 않고 자신이 원하는 방향으로 따라오게끔 하려 했던 것이다. 그에 의해 감춰진 '다른 생각'은 바로 '창조론'이다. 그가 언급하지는 않았지만 우리가 그의 책을 읽을 때 반드시 기억해야 하는 것은 창조론이 줄곧 그의 마음속에 존재했다는 점이다. 그가 각 단락, 각 절, 각 장을 쓸 때 그의 마음속에는 항상 창조론이 존재했다.

윌리엄 페일리와 『기독교의 증거에 대한 견해』

이래즈머스 다윈과 동시대에 살았던 페일리* 신부는 1794년에 『기독교의 증거에 대한 견해』A View of Evidences of Christianity를 출간했다. 원래 생물학 연구서였던 이 책이 어떻게 '기독교의 증거'로 바뀐 것일까? 이 책의 중요성은 과거 창조론의 한계를 극복했다는 점에 있다. 이 책에서 페일리는 종 사이에 존재하는 미묘한 차이에 주목했다. 과거 창조론의 개념 아래서는 모든 사물이 하느님에 의해 창조되었으므로 인간은 오직 그것을 받아들여야만 했다. 그러나 하느님의 의지를 굳게 믿는 사람이라도 물리학의 발견 같은 과학의 발전으로 점차 세속의 물질세계를 연구하지 않을 수 없는 상황으로 몰렸다. 그리고 그들은 하느님이 창조한 이 세계가 매우 복잡하다는, 부인할 수 없는 사실을 목격하게 되었다.

우리가 주위에서 보는 사물들은 대단히 방대하면서도 매우 미세하다. 창조론자들은 그 안에서 하느님이 존재하는

---

* 윌리엄 페일리(William Paley, 1743~1805)는 영국의 신학자이자 철학자이다.

새로운 증거와 기독교의 증거를 찾아냈다. 어떤 동식물을 막론하고 모든 종은 주어진 조건에 따라 주어진 환경에 완벽하게 조화를 이루며 살고 있지 않은가. 물에 강한 식물은 물가에서 피고, 헤엄을 잘 치는 동물은 물속에서 산다. 어떤 것은 물고기가 된다. 물고기만큼 헤엄을 잘 치지 못하는 어떤 것은 물 위로 뛰어 올라 천적으로부터 몸을 피하는 개구리가 된다. 이를 통해 창조론자들은 만약 하느님이 없다면 어떻게 모든 종이 자신의 환경과 이렇게 멋지게 어울려 살아갈 수 있겠느냐고 주장했다.

훗날 창조론자의 논점이 뒤집혔다고 해서 그들을 얕잡아보거나 바보로 여겨서는 안 된다. 그들도 비교적 세밀하고 설득력을 갖춘 견해를 가지고 있었다. 그중 번식과 관련된 주장은 다윈이 『종의 기원』 4장을 써서 반박하는 계기를 제공했다.

창조론자들은 모든 종의 번식 방법과 전략이 매우 완벽하다고 주장했다. 물고기가 한 번에 수만 개 혹은 수십만 개나 되는 알을 낳는 이유는 이렇게 알을 많이 낳아도 물고기로 부화하는 것은 결국 몇 개 안 되기 때문이다. 반면 사람이 아기를 한 번에 한 명만 낳는 것은 인간이 특별히 고등한 동물이고 부모가 세심히 보살펴 주므로 굳이 많은 아기가 필요 없기 때문이다. 이 안에는 일종의 자연의 균형과 아름다움이 존재한다. 생물이 일정한 환경에서 현재 상태의 모습을 갖추려면 다른 방식으로 생식해서는 절대 불가능하다. 이 점으로 미루어볼 때 만약 하느님이 없다면 이 세계는 혼란에 빠지고 뒤죽박죽이 될 것이다. 눈앞에 펼쳐진 모든 세계의 균형, 즉 수생식물은 높이 500미터의 산에서 결코 자라지 못하고 개도 물속에서 새끼를 낳지 못하는 것처럼 모든 것이 완벽한 세계는 분명 하느님의 안배와 설계에서 나온 것이다.

그 이전에 뉴턴이 발견한 역학 원리도 '시계공 이론'이라는 새로운 신학을 수립하는 데 활용되었다. 하느님은 더없이 뛰어난 시계공처럼 우리가 이해할 수는 있지만 절대 복제할 수는 없는, 가장 훌륭하고 정밀한 시계를 만들었다는 것이다. 이처럼 정밀하게 작동하는 시계를 보면 시계를 만든 사람이 존재한다고 믿을 수밖에 없다. 그렇지 않으면 시계가 어떻게 알아서 움직인단 말인가? 따라서 우리는 하느님의 존재를 믿어야 한다. 현재 생물의 상태, 특히 생물과 환경 사이의 관계 역시 하느님이 존재한다는 증거이다. 만약 하느님이 없다면 세계는 지금의 이 모습으로 자랄 수 없다. 이것이 『기독교의 증거에 대한 견해』에서 이야기하는 주요 내용이다.

우리는 『종의 기원』을 읽을 때 항상 창조론을 염두에 두어야 한다. 다윈이 어떻게 이 책을 쓰게 되었는지, 무엇을 우선순위로 언급했는지, 무엇을 자주 말하고 무엇을 말하지 않았는지는 모두 그가 '창조론'이라는 적수를 물리치려 한 것과 밀접한 관련이 있다.

인간의 생물계 개조

『종의 기원』 1장을 읽다 보면 다윈이 왜 집비둘기와 사육하는 동물을 먼저 언급했는지 궁금해진다. 그 시기 창조론의 배경으로 화제를 돌려 보자. 윌리엄 페일리 등은 응용물리학의 새로운 발견 사례를 모방하여 생물학 지식으로 하느님의 존재를 증명하려 했다. 물론 다윈은 머리가 아주 비상했다. 그는 물리학과 생물학으로 각각 하느님의 존재를 밝히는 것 사이에 커다란 차이가 있음을 단번에 알아차렸다. 창조론자들은 물리학에 근거해, 하느님은 매우 정교한 우주를 창조했고 우주는 법칙에 따라 한 치의 오차 없이 운행하는데 만약 하느님이 부재한다면 우주가 이렇게 정확하게 운행될 수 없을 것이라고 주장했다. 그들은 생물학에도 이를 똑같이 적용하고 이용했다. 생물 사이에 형성된 관계 역시 이처럼 완벽하고 균형을 이루고 있으므로 반드시 하느님이 있어야 이와 같은 생물의 상태를 설계하고 창조할 수 있다고 역설했다.

다윈은 이 논증 가운데에서 결정적인 허점을 콕 짚어 냈다. 그것은 생태계와 물리계의 가장 큰 차이점이 인간의 역할에 있다는 사실이다. 인간은 물리계의 질서를 바꿀 능력이 전혀 없다. 이는 뉴턴이 발견하고 확증한 것이다. 인간이 중력을 바꿀 수 있을까? 또 지구의 궤도를 바꿀 수 있을까? 아니면 천체의 운행을 바꿀 수 있을까? 이는 모두 절대 불가능하다. 그래서 물리 법칙에는 빈틈이 없는 것이다.

그렇다면 생태계도 이와 같을까? 다윈이 집비둘기와 사육하는 동물을 먼저 언급한 것은 인력으로 이를 바꿀 수 있었기 때문이다. 다윈은 드러내 놓고 남들과 대립하길 싫어하는 성격이었지만 이 주장에 대한 그의 논증 전략은 대단히 날카로웠다. 그는 창조론자들에게 이렇게 질문을 던졌다. "이 세계가 정말 당신들이 말한 대로 하느님에 의해 창조되어 이토록 완벽하고 균형을 이루고 있다면, 인간이 개입해 바꾼 세계는 무슨 의미이며 또 어떻게 설명한 것인가?"

다윈은 사람들이 지금까지 본 각종 비둘기들을 자세히 논증한 다음, 창조론자의 말대로라면 이 모든 비둘기가 한 가지 종에서 유래해야 옳다고 설명했다. 바꿔 말해 만약 자연이 하느님의 설계에 따라 움직인다면 비둘기는 오직 한 종이 창조되었을 것이라는 뜻이다. 그런데 인간이 뜻밖에도 하느님의 조수, 심하게 말하면 하느님의 파괴자가 되어 하느님이 창조한 비둘기 한 종을 『종의 기원』에서 묘사한 각종 기괴한 종으로 바꿔 버렸다. 비둘기의 예를 보고서도 하느님이 종을 창조했다고 믿을 수 있겠는가?

사람은 생물을 바꿀 수 있다. 이 점이 바로 물리 현상과 완전히 구별되는 특징이다. 이어서 다윈은 독자들에게 꼬리가 길거나 다양한 특징을 지닌 비둘기가 사육자의 경험에 근거해 출현했다고 분명하게 말했다. 페일리 신부는 비둘기가 어떤 형태를 띠든 그것은 환경의 요구에 따른 것이거나 환경과의 완벽한 조화를 이룬 것이라고 주장했다. 그러나 다윈은 『종의 기원』에서 인간이 기른 비둘기는 생존 본능을 따르지 않는 듯하다고 명시했다. 심지어 어떤 비둘기는 환경에 적응하기 어려운 형태로 변형되기도 했는데, 이는 인간이 강압적으로 하느님이 창조한 생물을 이 세계에 적응하지 못하도록 바꾸어 놓았다는 말이다. 이렇게 볼 때 하느님이 과연 얼마나 권위를 지닐 수 있을까?

다윈이 많은 지면을 할애해 비둘기를 언급한 것은 페일

리 등 창조론자의 책을 읽은 독자들에게 다음과 같이 따져 묻기 위함이었다. "집비둘기를 본 적 있죠? 이런저런 형태의 비둘기들은 자연적인 것이 아니라 사람이 기르고 사람 손으로 만들어진 것입니다. 이런데도 사람이 종을 바꿀 수 있음을 인정하지 않겠습니까?"

다윈이 살던 시대에는 유전학 지식이 아직 정교하게 발달하지 않았다. 멘델*에 이르러서야 비로소 유전적으로 부모와 자식 사이에 어느 경우에 닮고 어느 경우에 다른지에 대한 명확한 해석이 가능해졌다. 이는 신의 힘이 개입한 결과가 아니라 생식 과정에서 자연스럽게 형성되는 것이다. 멘델의 유전학에서 가장 중요한 업적은 매우 뚜렷한 이원화 구조를 확립했다는 것이다. 모든 후대 개체는 전대 개체의 유전 형질을 절반씩 물려받고, 이 절반이 결합되어 하나를 이루게 된다.

멘델의 또 다른 중요한 발견은 유전 형질 안에서 '유전형'과 '표현형'의 차이를 명확히 밝혔다는 점이다. 사람의 눈동자 색깔은 다른 신체적 특성처럼 반은 아버지로부터, 나머지 반은 어머니로부터 물려받는다. 그러나 한쪽 눈은 검

---

* 그레고어 멘델(Gregor Johann Mendel, 1822~1884)은 오스트리아의 유전학자로 1856년에 완두콩 교배 실험을 실시해 1865년에 연구 성과를 발표했다. 그가 발견한 유전자의 분리와 자유 조합의 법칙은 훗날 '멘델의 법칙'으로 명명되었다. 실제로 이 법칙은 당시에 별로 주목을 받지 못하다가 1900년에 사실로 확인되었고, 이로써 멘델은 근대 유전학의 아버지로 불리게 되었다.

고 다른 쪽 눈은 파란 사람은 존재하지 않는다. 유전은 이렇게 진행되는 것이 아니다. 유전자 구조는 유전형이 되지만 이 유전형은 오직 한 가지 표현형 인자로 나타날 뿐이다. 다윈은 이런 유전 패턴을 아직 몰랐다. 그는 꼬리가 유달리 긴 비둘기가 다른 비둘기와 교배하면 후대에 태어나는 비둘기 중 어떤 것은 꼬리가 길고 어떤 것은 그렇지 않은 이유를 명확히 밝히지 못했다. 그러나 다윈은 어지러운 교배 안에서 한 가지 종이 수많은 종으로 번식할 수 있다는 사실을 알아냈다.

다윈은 『종의 기원』 1장과 2장에서 축적한 대량의 자료를 통해 생물의 변화가 환경에서 비롯되었다는 명확한 논증을 수립했다. 여기서는 다윈이 말한 환경 또는 생물 환경이 무엇을 가리키는지 주의해야 한다. 다윈의 생각 속에서 생물 환경은 모든 환경을 뜻하는 것이 아니라 생존에 영향을 미치고 강제로 생물의 변화를 일으키는 갖가지 조건을 가리킨다. 다윈은 집비둘기의 예를 든 후 창조론자들에게 이렇게 말했다. "하느님이 종을 창조했다고 고집한다면 이런 종이 비둘기를 기르는 사람들 손에 쉽게 변형될 수 있다는 사실 역시 인정해야 한다."

종은 인간의 창조물이다

하느님이 종을 창조하지 않았다면 종과 종의 변화는 어떻게 일어났을까?

다윈은 이어지는 다음 몇 장에서 분류학에 대한 여러 가지 해석을 내놓았다. 린네의 분류학에서는 생물을 단계에 따라 '종속과목강문계'로 나누었다. 그중 가장 낮은 단위는 '종'이다. '종'의 정의는 자연 환경에서 교배를 통해 후대를 생산할 수 있는 생물이다. 다윈은 『종의 기원』 2장에서 '종'에 이어 '속'과 '변종'을 설명한 다음, "변종은 종과 구별할 수 없다"라는 결론을 내렸다. 이는 하느님의 창조론을 겨냥한 말이기도 했다.

> 만일 어떤 변종이 번성하여 조상종의 개체 수를 넘어서게 되면, 그것은 종의 지위에 올라서게 되고 조상종은 변종의 지위로 떨어질 것이다. 또는 그것이 조상종을 소멸시킨 후 조상종의 지위를 대신하거나 양자가 병존하면서 나란히 독립된 종이 될지도 모른다. 이 문제는 뒤에서 다시 설명하기로 한다.

이와 같은 서술을 통해 내가 종이라는 이름을 서로 밀접하고 비슷한 개체에 대해 편의상 임의로 붙였다는 것과 그것이 변종이라는 이름과 본질적으로 다르지 않다는 사실을 이해했을 것이다. 변종은 차이점이 비교적 적고 유사점이 비교적 많은 유형을 가리킨다.

―『종의 기원』 2장

『성서』에는 하느님이 이 세계와 종을 창조한 방법과 과정이 자세히 묘사되어 있지 않다. 일반인 가운데 하느님이 천지개벽 이래로 생존해 온 모든 동물을 일일이 창조했다고 여기는 사람은 없다. 눈앞에 쥐 한 마리가 지나간다고 '아, 하느님이 방금 이 쥐를 창조했구나!'라고 생각할까? 절대 그럴 리 없다. 그렇다면 하느님은 무엇을 창조했을까?

「창세기」에 "하느님은 아담이 혼자 사는 것은 좋지 않다고 여겨 그가 잠든 틈을 타 갈비뼈를 취해 하와를 만들고 아담의 짝으로 삼았다"라는 말이 나온다. 「창세기」에는 또 하나 중요한 '노아의 방주' 이야기가 있다. 하느님은 이 세계를 잘못 창조했다고 여겨 기존의 세계를 파괴하고 처음부터 다시 시작하고자 40일간 큰 홍수를 일으켰다. 이에 노아에게 거대한 방주를 만들어 각종 생물 중 암수 한 쌍씩을 데리고 타도록 명했다. 『성서』를 그대로 따른다면 이 세계는 노아의 방주 덕분에 지금까지 발전해 왔다고 할 수 있다. 이로써 우리는 하느님이 무엇을 창조했는지 확실히 알 수 있다.

하느님이 창조한 것은 동식물의 개체가 아니라 종이다. 다윈은 『성서』와 창조론을 믿는 사람들과 계속 논쟁을 벌이며 분류학 가운데 '종'을 자주 언급했다. 그의 논지는 하느님이 종을 창조했다면 종의 번식은 아담 이래, 혹은 노아 이래로 명명백백해야 한다는 것이다. 그러나 우리는 곳곳에서 변종을 볼 수 있다. 모든 종에서 변종이 생기고 있으며, 변종이 서로 다른 종 사이에 개입해 어느 한 가지 종으로 명확히 구분할 수 없도록 만들었다. 또한 변종은 늘 새로운 종으로 발전하여 언제 그것이 변종이었고 언제 새로운 종이 되었는지를 판단하기가 매우 어렵다. 만약 변종과 종의 구분이 명확하지 않다면 이 세계에 얼마나 많은 종이 있는지 아무도 모른다는 결론에 이른다.

다윈은 창조론자들에게 하느님이 대체 어떤 세계를 창조했는지 다시 물었다. 그들은 하느님이 이 세계를 설계하고 일정 수량의 종을 창조한 후 이 세계를 본격적으로 운행했다고 말한다. 그렇지만 지금 우리가 보는 세계에 종이 얼마나 많은지 우리는 정확히 모른다. 이는 인간의 지능이 낮기 때문이 아니라 끊임없이 출현하는 갖가지 변종을 셀 수 없기 때문이 아닌가?

다윈은 분류학의 '종'이란 창조론자의 생각처럼 하느님이 창조한 것으로서 변할 수도 없고 변해서도 안 되는 것이 아니라, 다만 우리가 목격한 현상을 정리하는 데 편리하게 사용하는 개념일 뿐이라고 말하고자 했다. 창조론자들은 종을 하느님이 세계를 창조한 증거로 여겼지만 다윈은 이를 인간의 창조로 환원해 놓았다. 이것이 그가 종을 언급한 주요 목적이었다.

이어서 다윈은 '속'屬, 특히 '큰 속'에 대해 설명했다. '속'은 '종'보다 한 단계 위의 분류다. 다윈은 하나의 속이 클수록 그 안의 변종도 많으리라 짐작할 수 있다고 말했다. 종은 끊임없이 조금씩 미세한 변화를 겪기 때문이다. 사육하는 비둘기로부터 다윈이 얻은 경험에 따르면, 개체와 개체 간에 교배와 번식이 많을수록 더 많은 변종이 생겨났다. 따라서 큰 속에서는 수많은 개체가 상호작용하는 과정에서 어떤 사소한 변화도 축적되고 방대해질 기회를 얻을 수 있다. 예를 들어 '작은 속'에서 손가락이 조금 더 자란 개체가 나타날 빈도가 사흘 혹은 닷새에 한 번이고, 손가락이 조금 더 자란 그 개체가 번식할 기회는 한 번이라고 하자. 그에 비하면 방대하고 복잡한 '큰 속'에서는 개체수가 많아 손가락이 자라는 특성이 복제될 기회가 더욱 많아진다.

    다윈은 비록 확률 개념을 사용하지 않았으나 우리는 확률을 가지고 그의 견해를 이해해 볼 수 있다. 유전학 원리에 따르면, 생물 개체에서 다음 대에 변종이 출현할 확률은 2분의 1이고, 그다음 대로 번식하면 확률은 4분의 1이 된다. 손가락이 길게 자라는 특성이 뚜렷해지고 나아가 변종의 지위에 이르려면 그런 개체가 많아야 한다. 그래야만 똑같은 확률 아래서 변종이 출현할 가능성이 커지고 양적 변화에서 질적 변화로 쉽게 옮겨 갈 수 있다.

2

생존경쟁

 '큰 속'은 생존경쟁에도 영향을 미친다. '큰 속'의 출현은 우세종이 그 우세에 힘입어 다른 개체를 억누르고 자기 종을 확장하여 그 종이 속한 '속'의 규모를 크게 하는 것을 전제로 삼는다. 따라서 '큰 속'을 보면 어떤 동물이 그 환경에서 더 많은 자손을 번식할 수 있는 우세한 종인지 예상할 수 있다. 더 많은 자손을 번식할 수 있다면 변종이 나타날 확률도 더욱 높아진다.

 『종의 기원』 3장에서는 '생존경쟁'에 대해 본격적으로 다룬다. 다윈은 생물 개체와 개체 사이 또는 종과 종 사이의 생존경쟁에서 어떤 요소에 특히 주목했을까? 여기서 눈여겨

볼 점은 맬서스*의 『인구론』의 영향이다.

지금 『인구론』을 읽으면 별로 특별할 것 없는 이론처럼 보이지만 "만약 다른 힘의 개입이 없다면 인류의 번식은 기하급수적으로 증가할 것이다"라는 주장은 당시에 매우 파격적이었다. 부부 한 쌍이 자녀 네 명을 낳고, 이후 이 자녀들이 결혼해 다시 각각 자녀 네 명을 낳는다고 가정한다면 세대마다 인구는 기하급수로 증가하게 된다. 이것이 맬서스의 인구 개념이다. 그는 이와 상응해 물질 혹은 식량의 증가는 기껏해야 산술급수로 증가할 것이라고 말했다. 인구는 기하급수적으로 증가하는 반면, 식량은 산술급수적으로 증가한다면 결국 식량이 부족해 인구 증가가 억제되는 재앙이 일어날 것이다.

이렇게 단순하면서도 이해하기 쉬운 추론을 왜 맬서스 때에 이르러서야 제기하게 된 것일까? 첫째는 그 전까지 수학이 발달하지 않아 등비等比나 등차等差 개념으로 이를 명확히 설명하지 못했고, 둘째는 18세기 전까지 서양에서는 인구 과잉의 위협보다 인구 부족 문제를 훨씬 심하게 겪었기 때문이다.

그들이 알고 있는 인류의 운명은 전쟁과 기아로 가득했고, 어느 시대나 토지에 비해 인구가 부족했다. 그러다가

---

* 토머스 맬서스(Thomas Robert Malthus, 1766~1834)는 영국의 인구통계학자이자 정치경제학자이다. 1798년에 『인구론』을 발표하고 인구 성장이 식량 공급량을 초과할 것이라고 예언하여 다윈의 이론에 상당한 영향을 미쳤다.

18~19세기에 들어 산업혁명 등 중대한 변화를 맞이하면서 비로소 세상이 사람으로 가득하다는 데 경각심을 느끼고 이 문제를 의식하기 시작했다.

맬서스가 제기한 개념은 다윈에게 영감을 주었다. 사람과 식량의 관계가 이와 같다면 동물과 그 생존 조건의 관계 역시 마찬가지가 아닐까? 동물들도 방해 요소가 없다면 기하급수적으로 계속 증가하지 않을까. 그런데 왜 우리가 살고 있는 이 세계에서는 어떤 동물도 이 방식으로 증가하지 않는 것일까?

적어도 부분적인 답은 '경쟁'에 있다. 각 생물 개체의 생존 방법은 맬서스가 말한 것처럼 단순하지 않다. 생물 개체는 항상 경쟁을 통해서 생존해 간다. 맬서스의 『인구론』에서 예측한 현상이 자연계에 나타나지 않는 이유는 대다수 개체가 생존경쟁 과정에서 도태되고 사라지기 때문이다. '생존경쟁'은 그야말로 절대적인 힘을 지닌다.

개체와 동류 간의 생존경쟁

다윈은 먼저 생존경쟁에 절대적인 힘이 있다고 말한 후 생존경쟁이 무엇인지 설명했다. 생존경쟁은 자연과의 경쟁이 아니다. 다윈은 종이 오직 극단적인 상황에서만 대자연의 조건과 경쟁한다고 말했다. 극지방을 예로 들어 보자. 남극이나 북극 혹은 사막과 고산 지대는 자원이 부족하여 어떤 단일 개체도 생존하기 매우 어렵다. 반면 나머지 다른 자연환경에서는 단일 개체가 비교적 수월하게 생존할 수 있다. 이는 다시 말해 자연이 종의 장애물이거나 생존경쟁의 대상이 아님을 뜻한다.

> 나는 넓은 의미와 비유적인 의미로 이 단어('생존경쟁'을 가리킴)를 사용할 것임을 미리 밝혀 두고자 한다. 그 의미 안에는 하나의 생물이 다른 생물과 의존 관계에 있다는 것은 물론, 더욱 중요하게는 개체가 생명을 유지하고 성공적으로 후손을 남길 수 있는지의 여부가 포함되어 있다.
> ―『종의 기원』 3장

때때로 관계가 먼 생물끼리도 엄격히 말해서 서로 생존경쟁을 벌인다. 메뚜기류와 초식동물 사이의 관계가 이렇다. 그렇지만 동종 개체 사이에 벌어지는 경쟁이 가장 필연적이고 치열하다. 이는 그들이 같은 지역에서 살고, 같은 먹이를 구하고, 같은 위험을 만나기 때문이다.

—『종의 기원』 3장

그렇다면 무엇이 생존경쟁의 대상이 될까? 바로 다른 생물 개체다. 제한된 공간과 먹이를 가진 조건에서는 상대가 생존하면 내가 생존할 수 없다. 이것이 개체와 개체 사이 또는 생물과 생물 사이의 경쟁이다. 따라서 생물과 환경 사이의 관계가 아니라 생물과 다른 생물이 환경에서 제공한 자원을 두고 경쟁하는 것, 그것이 가장 중요한 관계다.

이것이 첫째 열쇠다. 다윈은 한걸음 더 나아가 생물과 다른 생물 사이에서 가장 치열한 경쟁이 무엇인지 물었다. 우리는 사슴의 생존경쟁에서 가장 큰 위협이 호랑이라고 생각할 것이다. 아쉽게도 이는 정답이 아니다. 사슴에게 가장 위협적인 생존경쟁 대상은 동류의 다른 사슴이다. 다윈의 이론에서는 그 이유를 동류의 개체가 똑같은 생존 조건을 가지고 있기 때문이라고 분명히 밝힌다. 이 이치를 이해하기란 조금도 어렵지 않다.

모두들 이런 우스갯소리를 들어 봤을 것이다. 두 사람이 숲속을 지나가다가 갑자기 곰을 만났다. 그러자 그중 한 명이 재빨리 운동화를 갈아 신었다. 옆에 있던 친구가 이를 이상하게 여겨 물었다. "네가 곰보다 빨리 뛸 수 있다고 생각하는 거야?" 그러자 운동화를 갈아 신은 사람이 "아니, 자네보다 빨리 뛰기만 하면 그만일세"라고 대답했다.

이것이 진정한 생존경쟁이다. 이 사람이 살아남으려면 곰과 경쟁할 것이 아니라 친구가 곰에게 잡아먹히면 된다. 동류 사이의 생존경쟁이야말로 모든 생존경쟁 가운데 가장 치열하고 무시무시한 것이다.

다윈의 이런 견해는 인류 사회에도 적용되어 19~20세기의 '사회 다원주의'에 깊은 영향을 미쳤다. 사회 다원주의는 기본적으로 『종의 기원』 3장을 토대로 발전했고, 생물과 생물 사이의 관계에서 동류 간의 경쟁이 결정적인 역할을 한다고 강조했다. 사회 다원주의자들은 다윈이 사회 경쟁에서 살아남지 못한 사람과 열등한 사람이 도태되고 무시당하며 시궁창에 빠지는 것이 대자연의 의지이자 법칙임을 증명했다고 주장했다.

훗날 니체가 발전시킨 '초인' 개념도 상당 부분 『종의 기원』 3장의 영향을 받았다. 따라서 이 장의 중요성을 절대 소홀히 해서는 안 된다.

다윈은 『종의 기원』 4장에서 동류 간의 생존경쟁을 집중적으로 다루었다. 이 경쟁에는 여러 가지 형식이 있다. 다윈은 먼저 성과 성별, 번식을 설명했는데, 번식 역시 경쟁에서 중요한 역할을 한다. 자연선택이란 어떤 종 가운데 조건이 가장 좋고 우수해 생존경쟁에서 가장 큰 우세를 보이는 개체만이 살아남아 비교적 많은 후손을 번식하는 것을 말한다. 상대적으로 약한 나머지 개체들이 도태되는 것은 곧 자연의 이치다.

『종의 기원』은 '오랜 논쟁'이다

다윈의 책을 읽으려면 인내심이 필요하다. 그는 마지막 장인 15장에서 "사실 『종의 기원』 전체가 하나의 오랜 논쟁"이라고 말했다. 이는 이 책 전체에서 단 한 가지 사건에 대해 논쟁하고 있음을 뜻한다.

예로부터 다윈의 책을 읽은 사람 중 똑똑한 사람일수록 이 구절의 의미에 집착했다. 그들은 이 논쟁이 대체 무엇을 의미하는지 해독하려 했다. 굴드는 다윈의 오랜 논쟁이 역사 방법론을 확립했다고 주장했다. 한편 또 다른 많은 똑똑한 사람들은 여러 가지 서로 다른 답안을 제기했다. 그러나 솔직히 말해서 똑똑한 사람들의 답안은 그다지 똑똑하지 못해서, 일반인의 독법이나 답안보다 꼭 낫다고 볼 수 없다. 일반 독자들은 '오랜 논쟁'이란 말을 별로 특별한 게 없다고 여겨 그냥 지나쳐 버렸다. 왜냐하면 그들은 다윈의 '오랜 논쟁'이 이 책의 원제인 '자연선택에 의한 종의 기원, 혹은 생존경쟁에서 유리한 종족의 보존에 대하여'On the Origin of Species by Means of Natural Selection, or the Preservation of Favoured Races in the Struggle for Life에 분명히 나와 있다고 보았기 때문이다.

> 이 책 전체가 하나의 오랜 논쟁이기 때문에 중요한 사실과 추론을 간략하게 요약한다면 독자들에게 편의를 제공하리라 생각한다.
> ―『종의 기원』 15장

맞는 말이다. 그러나 우리는 왜 수많은 똑똑한 사람들이 이 간단한 답안을 받아들이지 않고 한사코 이 말 속에 다른 절묘한 의미가 있다고 여겼는지 주의하지 않으면 안 된다. 똑똑한 사람일수록 다윈의 책을 읽으면서 의심이 생겨났다. 만약 이것이 '자연선택에 의한 종의 기원, 혹은 생존경쟁에서 유리한 종족의 보존에 대한' 것이라면, 책 속에 굳이 그렇게 많은 내용을 담을 필요가 있을까?

『종의 기원』은 매우 두꺼운 책이다. 그러나 다윈은 서문에서 이것이 완벽한 책이 아니라 아직 쓰지 못한 책의 개요라고 밝혔다. 또한 자신이 분명 써야 하지만 지금 완벽하게 정리할 시간이 없어서 비교적 간단한 요지를 알려 줄 뿐이라고 1장부터 여러 차례 언급했다.

내가 박물학자의 신분으로 군함 비글호를 타고 세계를 항해할 때, 남아메리카에서 생물의 지리적 분포 및 현존하는 생물과 고대 생물의 지질학적 관계와 관련된 몇 가지 사실을 볼 수 있었다.
이러한 사실들이 종의 기원에 대해 어느 정도 설명을 제시해 준 듯하다.
귀국한 뒤 나는 1837년 즈음에 이 의문과 관련이 있어 보이는 각종 사실들을 꾸준히 수집하고 검토하면 어떤 결론을 얻을 수 있지 않을까 기대했다. 그리하여 5년 동안 이 문제에 몰두한 결과, 생각을 정리하여 짧으나마 기록으로 남길 수 있게 되었다. 1844년에는 여기에 살을 붙여서 당시 내가 확실하다고 판단한 결론을 개요 형태로 정리했다.
내 연구는 현재(1859년) 거의 끝나가지만, 완성하려면 몇 년의 시간이 더 걸릴 것이다. 그러나 내 건강 상태가 많이 악화되어 친구들이 나에게 우선 개요를 발표하라고 권했다.
―『종의 기원』 서문

이는 바꿔 말해 다윈의 방법 혹은 열다섯 장이나 되는 두꺼운 이 책에 의해서만 '오랜 논쟁'이 진정으로 완성될 수 있음을 의미한다. 그러나 똑똑한 독자들은 다윈이 고작 그 얘기를 하려고 정력을 이렇게 낭비했다는 데에 회의를 품었다. 그들은 늘 더욱 큰 무언가를 찾아 다윈이 마음속으로 생각한 '오랜 논쟁'으로 삼으려 했다.

나는 역사를 공부한 사람이지 생물학을 공부한 사람이 아니다. 또 나는 19세기 역사에 몰두한 사람으로서 당시 역사를 어느 정도 이해하고 있다고 자신한다. 19세기의 사상적 배경에 대한 내 개인적인 견해로는 직접적이고 우둔한 독법이 옳다고 본다. 따라서 정말로 의문을 가져야 하는 것은 다윈이 어떤 방대하고 위대한 논증과 야심을 감추었느냐가 아니라 왜 다윈이 이렇게 장황한 방식으로 자신의 논증을 전개했느냐는 것이다.

다윈이 장황한 방식을 택한 것은 일종의 전략이었다. 왜냐하면 당시 그가 설득해야 했던 대상은 우리 같은 일반 독자가 아니라 창조론을 믿는 사람이었기 때문이다. 자신이 중국인이라고 믿는 사람을 한국인이라고 믿게 하거나, 반대로 스스로 한국인이라고 생각하는 사람을 중국인이라고 믿게 해야 하는 일을 가정해 보자. 분명한 믿음을 가진 사람에게 입장을 바꾸도록 하는 것이 얼마나 어려운지는 묻지 않아도 알 수 있다.

다윈의 장황한 방식은 조부의 영향을 부정하려는 의도는 물론 다윈의 성격과도 연관이 있다. 다윈은 성격이 너무 소심하고 신중한 탓에 늘 남들이 자신을 믿지 않는다고 여기거나 자신에게 설득력이 없다고 생각했다. 이렇게 자신감이 부족하다 보니 반복해서 이야기하는 습관이 든 것이다.

당시 독자층의 특성과 다윈의 성격이라는 요소가 결합하여 역사적으로 거대한 변화가 일어났다. 여기서 잠시 '진화론'과 '상대성이론'을 비교해 보자. 1905년에 아인슈타인이라는 천재가 등장하여 시간, 공간, 물질을 하나의 개념에 놓고 통합하는 상대성이론을 발표하지 않았다면, 이후 물리학은 전혀 다른 양상으로 발전했을 것이다. 상대성이론이라는 획기적인 이론은 아인슈타인과 동시대를 살았던 다른 사람들의 머리로는 추론해 내기가 매우 어려웠다.

다윈의 이론은 이와 달랐다. 앨프레드 월리스를 포함해 여타 사람들이 당시 똑같은 원리를 발견해 냈다. 그러나 매우 조심스러운 태도로 누구도 자신을 믿지 않는다고 가정한 다윈의 저작 방식이 아니었다면, 진화론은 어쩌면 그렇게 빠른 시간 안에 그렇게 많은 사람에게 받아들여져서 커다란 영향력을 발휘하지 못했을지도 모른다.

그러므로 『종의 기원』을 읽다가 다윈의 장황함 때문에 짜증이 났을 때, 당시로 돌아가 우리 자신을 하느님이 만물을 창조했다고 믿는 골수 창조론자라고 가정하자. 이런 각도에서 출발한다면 전혀 다른 책을 읽는 느낌을 받을 수 있다. 이 책이 온갖 방법을 동원해 끊임없이 우리를 유인하고 이끌어 주며, 어리둥절한 상태에서 생각을 바꿔 우리 자신이 도대체 무엇을 믿는지 모호해지도록 한다는 사실을 깨닫게 된다. 그 순간 우리에게는 확고부동한 창조론자에서 진화론자로 바뀌는 의식의 전환이 일어난다. 이 전략은 다윈이 역사적인 지위를 얻은 것과 불가분의 관계에 있는 부분으로 절대 소홀히 하거나 버려서는 안 된다.

존 보울비의 다윈 전기

다윈의 전기에 흥미가 있다면 특별히 보울비*가 쓴 책을 추천한다. 보울비는 원래 아동 발달심리학을 연구한 학자이다. 특히 그는 애착 이론Attachment Theory을 발표하여 소아의 애착성 연구에서 두드러진 성과를 이루었고, 심리학 분야

---

* 존 보울비(John Bowlby, 1907~1990)는 영국의 발달심리학자이다. 그가 쓴 다윈 전기의 제목은 『찰스 다윈: 새로운 삶』(Charles Darwin: A New Life)이다.

에서도 권위 있는 저서를 다수 발간했다.

보울비는 83세이던 1990년에 생애 마지막 저서인 다윈 전기를 출판하고 얼마 지나지 않아 세상을 떠났다. 그는 심리학자의 관점에서 다윈을 새롭게 해석하고 다윈의 성격을 매우 세밀하게 분석했다. 또한 다윈의 심리 연구에 그친 것이 아니라 이를 위해 그의 가정환경이나 친구 관계까지도 깊숙이 파고들었다.

보울비는 처음에 의대에 입학했다가 훗날 심리학으로 전공을 바꾸었다. 따라서 그는 사회과학적 훈련을 받은 심리학자라기보다 정신과 의사에 가까웠고 의학의 관점에서 인간의 심리를 연구했다. 이는 다윈 전기에서도 나타난다. 다윈은 20여 년 동안 심각한 위장 질환으로 고통을 겪었다. 일기나 편지에도 밤에 잠을 이루지 못해 신경질적으로 울음을 터뜨리고 구토를 할 정도로 위가 불편했다고 자주 호소했지만, 의사들이 각기 다른 진단을 내리는 통에 병이 쉽게 치료되지 않았다. 보울비는 다윈 전기에서 이 사실을 상세히 설명하고, 책의 마지막 「부록」에 매우 꼼꼼하고 공식적인 의학 진단서를 남겼다.

현대 의학이 부단히 발달함에 따라 역사 인물의 병세를 새롭게 진단할 기회도 늘어났다. 100~200년 동안 루브르 박물관을 방문해 모나리자의 초상화를 본 많은 의사가 모나리자의 건강에 이상이 있었을 것이라고 주장했다. 모나리자의 혈색과 손의 피부 상태가 좋지 않아 분명 이러저러한 병을 앓았음이 틀림없다는 것이다. 또 현대 의학에서는 예수가 광야에서 40일간 지낸 기록을 보고 그가 틀림없이 환청과 환각 증세를 일으켰으리라 확신했고, 미켈란젤로 역시 조울증이 있어서 불면증이나 성마른 성격 외에 항상 일에 미쳐 있었다고 말했다.

이처럼 많은 사람이 유명 인물을 희롱의 대상으로 삼은 이유는 대개 사람들의 흥미를 끌려 했기 때문이다. 그러나 보울비는 이런 이유로 다윈의 증세를 분석하지 않았다. 그의 진단 덕분에 우리는 다윈 생애에서 중요한 열쇠가 되는 시절을 더욱 깊이 이해할 수 있게 되었다.

보울비는 다윈을 20년 동안 괴롭힌 문제가 실은 정신적인 면에서 비롯되었다고 진단했다. 이는 신체적인 문제라기보다 심리적으로 심각한 결함을 가졌다는 의미다. 그는 다윈과 어머니 그리고 다윈과 아버지 사이의 관계를 정리한 후 그의 집안 분위기를 미루어 판단했다. 여기서 내린 중요한 결론은 이 명문가가 종교보다 지식을 더욱 중시했다는 점이다. 할아버지인 이래즈머스에서 손자인 찰스까지 종교적인 신앙보다는 지식을 열정적으로 추구했다. 그 시대에는, 아니 사실 어느 시대든 사회의 일반적인 관습을 따르지 않는 개인이나 가정은 그 대가를 치른다. 보울비는 다윈의 가정도 무거운 대가를 치렀다고 보았다. 즉 감정, 특히 슬픈 마음을 제대로 처리하지 못하는 가정이 된 것이다.

유아의 애착 심리를 전문적으로 연구한 보울비는 직업적으로 19세기 남성에게 내재한 문제를 민감하게 포착했다. 그는 19세기 남성이 큰 압박을 받았다고 강조했다. 당시에는 아이를 많이 낳았지만 중산층 이상 가정에서도 아이가 요절하는 경우가 빈번했다. 게다가 어떤 아이가 죽을지 또는 언제 죽을지도 전혀 알 수 없었다. 지금 우리는 기본적으로 이런 문제에서 자유롭지만 당시만 해도 모든 부모가 이 문제에 직면해야만 했다. 자식이 눈앞에서 죽어 나가는 모습을 지켜보는 고통을 말로 표현할 수 있겠는가?

이런 이유로 종교는 중요한 역할을 담당했다. 하느님은 구체적이면서도 쉽게 대체할 수 없는 사회적 기능을 가진 까닭에 절대 뒤엎을 수 없는 존재로 여겨졌다. 하느님은 갖가지 삶의 난제에 명쾌한 해답을 제시했다. 인간에게 일어나는 모든 일은 바로 하느님의 뜻이었다. 인간은 모든 문제를 하느님에게 내려놓고 그분이 제시한 해답을 받아들임으로써,

짊어져야 하는 부담을 상대적으로 가볍게 할 수 있었다.

지연 출판된 『종의 기원』

다시 다윈으로 돌아와 이야기하자면, 그의 집안은 과학과 지식에 대한 이해를 중시했기 때문에 종교에서 위안을 얻을 수 없었고, 종교를 믿지 않는 상태에서 현실과 직면하다 보니 종교가 큰 도움이 되지 못했다. 이래즈머스 다윈은 비록 의사였지만 그의 집안에서도 아이들이 하나씩 요절했고, 직업상 수많은 사망 사건이 그의 처리를 기다리고 있었다. 다윈의 아버지 로버트 다윈이 가문을 책임질 때에는 과학 지식을 거부감 없이 받아들이는 등 가풍이 매우 개방적이고 깨어 있었다. 그러나 이는 다른 각도로 보면 대단히 보수적이고 폐쇄적이라는 의미이기도 하다. 그리하여 죽음에 대한 그들의 태도는 단 한 가지, '잊는 것'이었다. 그들은 이것이야말로 고통에 대처하는 가장 좋은 방법이라고 믿었다.

찰스 다윈의 어머니는 일찍 세상을 떠났다. 이후 그의 아버지와 누나 둘은 다윈이 어머니의 죽음을 잊도록 어머니와 관련된 어떤 일도 얘기하지 못하게 통제했고, 어머니가 남긴 집 안의 흔적들을 가능한 한 모두 지워 버렸다. 물론 이는 다윈을 위한 조치였지만 오히려 일생 동안 그를 괴롭힌 트라우마로 남고 말았다. 아버지와 누나의 강요는 어머니를 기억 속에서 완전히 지울 수 없었던 다윈에게 씻을 수 없는 상처가 되었다.

한편 어머니를 잃은 소년 다윈이 의지할 대상은 오직 아버지였으므로 그는 아버지의 뜻을 잘 따랐다. 그러나 그는 아버지의 길을 따르지는 않았다. 그의 아버지는 그가 에든버러에서 공부하고 돌아와 가업을 이어 의사가 되길 바랐다. 그러나 다윈에게는 의사의 자질이 부족했기에 스무 살 때 에든버러에서 잉글랜드로 돌아와 아무 일도 이루지 못했다.

그때 그에게 기회가 찾아왔다. 한 선배가 비글호를 타고 세계를 두루 돌아다니며 동식물을 조사하자고 제안한 것이다. 그런데 그의 아버지가 이를 반대하고 나섰다. 당시에는 생물학자와 의사의 지위가 비슷했으므로 다윈이 생물학자가 되는 것을 반대한 것은 아니다. 진짜 이유는 삶의 목표도 없이 빈둥빈둥 노는 아들이 다시 배를 타고 2년간이나 허송세월하는 것이 못마땅했기 때문이다. 그러나 그는 자식의 뜻을 꺾지 못하고 마지못해 허락하고 말았다.

다윈의 머릿속에는 이미 그림자가 드리워졌다. 그는 이 세상에서 자신이 꼭 설득해야 하는 사람이 한 명 있지만 그

ON

THE ORIGIN OF SPECIES

BY MEANS OF NATURAL SELECTION,

OR THE

PRESERVATION OF FAVOURED RACES IN THE STRUGGLE
FOR LIFE.

By CHARLES DARWIN, M.A.,
FELLOW OF THE ROYAL, GEOLOGICAL, LINNÆAN, ETC., SOCIETIES;
AUTHOR OF 'JOURNAL OF RESEARCHES DURING H. M. S. BEAGLE'S VOYAGE
ROUND THE WORLD.'

LONDON:
JOHN MURRAY, ALBEMARLE STREET.
1859.

The right of Translation is reserved.

1859년에 출판된 『종의 기원』 초판 인쇄물

사람을 설득하기가 가장 어렵다는 사실을 잘 알았다. 이 거대한 그림자가 다윈을 감싸면서 그는 대중 앞에서 늘 위축되는 모습을 보였다.

다윈이 처음으로 진화와 자연선택에 대한 이론을 발전시킨 시기는 1838년이다. 그는 그해부터 이 생각들을 글로 옮기기 시작했으나 그 후 21년이란 긴 시간이 지나서야 『종의 기원』을 출판했다. 게다가 앨프레드 월리스가 그의 견해를 발표하지 않았다면, 다윈이 얼마나 더 『종의 기원』 출판을 미뤘을지 모를 일이다.

월리스 역시 종의 진화에 대한 간략하고 개념적인 논문을 학회에 제출했는데, 다행인지 불행인지 모르겠지만 당시 원고 심사위원 중 한 명이 다윈의 스승이었다. 일찌감치 다윈의 원고를 읽었던 그는 월리스와 다윈의 생각이 기본적으로 같다는 사실을 깨달았다. 그는 즉시 다윈에게 이를 알리고, 다윈이 연구한 주요 골자를 같은 학보에 실으라고 권했다. 월리스의 글이 먼저 실리고 나중에 다윈이 이 사실을 알았다면, 누가 진화론을 발견했는지에 대한 논쟁에서 각종 설이 난무해 '다윈주의'가 묻힐 가능성도 있지 않았을까 예상해 볼 수 있다. 그러나 다행히도 다윈에게는 증인이 있었다. 당시 권위를 인정받은 선배 생물학자 두 명이 다윈의 원고를 미리 본 덕분에 진화론을 먼저 제기하고 더욱 완벽하게 발전시킨 사람이 다윈임을 증명해 주었다.

여기서 한 가지 의문이 생긴다. 이렇게 방대한 원고를 작성하고 기본적인 이론을 확립했으면서도 다윈은 왜 발표를 미룬 것일까? 게다가 발표를 미룬 시기에 그는 매일 위통을 앓고 구토를 하면서 심한 고통을 겪었다. 왜일까? 그는 그가 대면하고 설득해야 하는 이 세계를 너무 잘 알았던 탓에 지나치게 긴장했던 것이다. 사실 그는 자기 아버지를 이 세계로 여겼고, 아버지와의 관계를 통해 거대하고 냉정하며 영합하기 어려운 이 세계를 인지하고 상상했다. 그에게 가장 큰 두려움은 아버지를 설득하는 것이었고, 이 세계를 설득하는 것 역시 그만큼 쉽지 않은 일이었다.

공교롭게도 그가 선택한 주제는 이 세상에서도 매우 견고하고 뿌리가 깊이 박혀 흔들리지 않는 영역이었다. 따라서 그는 이 세계의 고정관념과 정식으로 대결하는 시간을 늦춘 것이다. 그는 만반의 준비를 갖추고서도 스스로에 대한 자신감이 전혀 없었다. 결국 우리가 지금 읽고 있는 『종의 기원』은 다윈이 떠밀려서 출판했다고 할 수 있다.

그가 이를 '개요'라고 말한 데에는 두 가지 측면에서 의미가 있다. 하나는 이렇게 두꺼운 책에도 다 쓸 수 없을 만큼 정보가 많다는 것이고, 다른 하나는 비판적인 의견을 미리 차단하려는 의도가 엿보인다는 점이다.

지금 내가 펼친 논증에 이견을 가진 이도 분명 있을 것이다. 그러나 아직 꺼내지 않은 많은 증거를 하나씩 제시할 테니 너무 서두를 필요는 없다. 우리는 결코 이 책으로만 그를 평가해서는 안 된다. 신경질적인 다윈은 이룰 수 없는 야심을 가지고 당시 서양인이 인식한 생물계의 모든 현상을 그의 책 속에 담으려고 했다.

다윈의 초월과 한계: 『종의 기원』 4~6장

1

비정의식 사고

『논어』論語「양화」陽貨에서 공자孔子는 이렇게 말했다.

"너희들은 어찌하여 『시경』詩經을 공부하지 않느냐? 『시경』은 감흥을 불러일으키고 관찰력을 키워 주고 남들과 어울리는 법을 알려 주고 잘못을 싫어하게 해 준다. 가까이는 부모를, 멀게는 군주를 섬기는 도리를 알려 준다. 새와 짐승, 풀과 나무의 이름도 많이 알게 해 준다."

'새와 짐승, 풀과 나무의 이름'은 역사적으로 『논어』를 해석한 다양한 저술에서나 공자의 개념에서 전혀 문제가 되지 않았다. 중국인은 아이를 교육하면서 이 세계와 자연계를 더 명확히 이해시키는 방법이란 당연히 '벌레와 물고기, 풀과 나무, 새와 짐승의 이름'을 많이 알려 주는 것이라고 여겼다.

중국에서는 전통적으로 이름이 실질보다 더욱 중요했다. 이름과 실질이 서로 합치되도록 미리 장치를 마련해 두어 둘이 상응하지 않는 문제가 일어나지 않았고, 이름이 실질보다 배우고 터득하기가 쉽다 보니 시간이 오래 지나면서 이 같은 편향이 나타났다. 훗날 중국이 서양 지식을 받아들일 때 많은 난관에 맞닥뜨렸던 이유도 이 때문이다. 교육이나 지식 체계의 측면에서 서양은 중국과 완전히 달랐다. 서양에서는 이름과 실질 사이의 관계가 줄곧 골칫거리로 남아 있었다.

본질과 현상

서양 사상의 기저에는 매우 중요한 '이원론'이 깔려 있다. 몸과 마음을 각각 독립된 실체로 보는 데카르트의 '심신 이원론'보다 더 오래되고 더 깊은 토대가 되는 '현상과 본질의 이원론'이다. 서양 사상의 기원인 고대 그리스의 소크라테스와 플라톤 철학으로 돌아가 보면 우리가 이 세계를 어떻게 인지하고 이해하며, 한층 더 나아가 어떻게 이 세계를 정리해야 하는지에 대한 문제가 있었다. 플라톤은 후대 사람들이 벗어나기 어려운 근본적인 문제를 제시했다는 점에서 서양사상사에서 중요한 위치를 차지하게 되었다.

플라톤은 이 세상에서 발생하는 사건은 현상이지만, 사람이 현상을 탐구해서는 결코 세계를 인식할 수 없다고 말했다. 현상은 너무 다양하고 복잡하기 때문이다. 사람에 대해 알고 싶다고 모든 사람을 알아야만 하는 것일까? 굳이 현재를 언급할 필요 없이 당시의 아테네라 하더라도 모든 아테네 사람을 알 수 있었을까? 세계가 현상으로 이루어졌다면 사람 하나하나를 쫓아다니고 이해한 뒤에야 비로소 사람이 어떤 존재인지 알 수 있다. 만약 이렇다고 한다면 세계를 인식할 가능성은 제로에 가깝다.

그래서 플라톤은 상대적으로 중요하지 않은 현상을 쫓을 필요가 없으며, 현상이란 다만 본질을 정리하고 추출하는 기본 재료일 뿐이라고 결론 내렸다. 그에게 이 세계에서 진정으로 중요한 것은 본질이며, 현상은 본질이 여러 가지로 변화한 것일 뿐이다.

우리가 파악하고 이해해야 하는 세계와 추구해야 하는 지식은 본질이지 현상이 아니다. 여기에서 플라톤의 '이데아론'이 탄생했다. 이데아론이란 갖가지 사물 배후에는 이데아가 존재하며, 그 이데아야말로 사물의 진짜 본질이라는 것이다. 따라서 우리가 보는 모든 사물 개체는 본질의 왜곡이나 타락 혹은 비교적 열등한 것에 불과하다.

예를 들어 이 세상에는 '이상적인 말馬'이 존재한다. 그 말은 말의 각종 추상적인 본질로 이루어진다. 아무리 뛰어나고 경주에서 우승한 말이라 하더라도 그 말은 이상적인 말의 불완전하고 구체적인 현상에 불과할 따름이다. 그러므로 우리가 추구하고 포착해야 하는 것은 말 한 필이 아니라 모든 말을 꿰뚫는 '말의 본질'이다.

말의 본질을 이해하려면 근거 없이 무작정 상상할 것이 아니라 인류의 지식 체계에 따라 먼저 현상으로 돌아가야 한다. 우선 이 세계에 존재하는 말이 똑같이 '말의 본질'의 타락 혹은 변환이라고 한다면, 현실 속의 말을 가능한 한 많이 정리한 후 이상적인 원형으로 나아갈 수 있다. 예컨대 말의 신체 구조를 두고 얘기해 보자. 인간의 경험이나 지식에 바탕을 두고 말 100마리를 구해 여러 가지 방법으로 말의 신체 구조에서 가장 바람직하고 평균적인 구조를 찾아낸다면 이상적인 말은 이와 같은 구조를 가지고 있는 것이다.

말이나 어떤 사물의 원형 또는 본질을 찾으려면 먼저 무엇을 말로 분류하는지 알아야 한다. 이 작업을 거쳐야만 비로소 모든 사물의 본질을 찾을 수 있다. 서양 사상의 논리에서 분류라는 작업이 이처럼 핵심이 되는 이유는 그것이 서술description인 동시에 규정prescription이기 때문이다.

분류 개념 속에서 말이라는 범주가 성립되면 우리는 이러한 말을 지목한 다음, 공통된 특징을 서술한다. 이것이 말의 본질이다. 이런 방법으로 말의 공통된 특징을 서술했을 때, 그 서술 자체는 다시 규정이 된다. 이러한 말을 본 다음 이 동물을 '말'이라고 지칭하고 다시 공통된 특징을 서술함으로써 서술은 정의定義가 된다.

그렇다면 무엇을 말이라고 부르고, 말이 되려면 어떤 필수 조건을 구비해야 할까? 말은 갈기와 머리에서 자라 서로 다른 방향으로 움직이는 귀, 길쭉한 얼굴에 목과 신체의 비율이 일정해야 한다. 또 발굽 네 개가 있고, 아주 빨리 달리며 무거운 짐을 싣고도 먼 길을 갈 수 있다. 이와 같은 것들이 말에 대한 서술이다. 동시에 이것은 분류상에서 말에 대한 규정이기도 하다. 만약 어떤 동물이 말처럼 보이지만 네 발굽이 없다면 우리는 그것을 말의 범주 안에 넣을 수 없다고 말한다. 그 동물은 말의 규정에 부합하지 않기 때문이다.

정의식 사고

따라서 분류의 배후에는 '정의식 사고'라는 사고 패턴이 미리 장치되어 있다. 우리가 어떤 사물이 무엇인지를 물을 때는 그것의 정의가 무엇인지를 캔다는 의미이다.

플라톤은 소크라테스가 사람들과 변론하는 것을 즐겼다고 기록했다. 기원전 5세기경에 그리스에서 살았던 이 천재의 이야기를 여러 번 읽다 보면 그의 변론 패턴이 매우 단순하고 명쾌하다는 것을 알 수 있다.

플라톤의 『향연』을 보면 사람들이 연회에 모여 '사랑'이라는 주제에 대해 이야기를 나눈다. 이때 소크라테스는 사람들에게 오직 사랑의 정의가 무엇인지 반복해서 물었다. 누군가 "사랑의 정의란 이렇소. 내가 어떤 여인을 사랑한다면 그녀를 위해 기꺼이 죽을 수 있는 것이오"라고 말하자, 소크라테스가 다시 물었다. "사랑하는 여인을 위해 죽을 수 있지만 그 죽음이 그녀에게 더 큰 고통을 안겨 준다면 당신은 그녀를 사랑한다고 말할 수 있을까? 또 이런 방법으로 그녀를 사랑하는 것이 과연 옳은 것일까?" 이처럼 그는 갖가지 방법을 동원해 사람들의 정의에 도전했다. 바꿔 말하면 그는 어떤 개념이나 사물, 덕성에 대해 가장 완벽하고 주연周延한 정의가 무엇인지 쉬지 않고 찾아 나선 것이다.

　　소크라테스는 일생 동안 완벽한 올바름을 추구했다. 플라톤 역시 『국가론』에서 '국가'를 어떻게 정의하고 올바름을 어떻게 정의해야 하는지, 또 올바름이 무엇이고 통치가 무엇이며 국가가 무엇인지에 대해 질문했다. 이는 모두 정의식 사고에 속한다.

　　기독교가 흥성하면서 이런 사고 모델은 한층 더 강화되었다. 공리功利와 이성이 균형을 이룬 토대에서 출발한 플라톤은 '이상형'의 존재를 가설하는 것이 이 세계를 이해하는 가장 좋은 방법이라고 말했다. 그러나 플라톤 철학에서는 이상형의 존재를 증명하거나 보장하지 못했다. 그러다가 이후 기독교 신학이 이상형을 직접 계승하고 그 위에 하느님을 앉혀 버렸다. 이렇게 완벽한 이상형을 창조한 하느님은 곧 완벽한 이상의 총화인 것이다. 아우구스티누스는 『신국론』에서 "세상의 모든 도시와 인간의 삶은 허상이다. 그것은 하느님 나라의 그림자이자 왜곡된 빛이 땅에 투영된 것일 따름이다"라고 분명하게 밝혔다. 이는 우리가 현상을 버리고 하느님 나라를 찾아 의지해야만 비로소 마지막 구원을 얻을 수 있다는 말이다.

　　이런 사고 모델은 당연히 자연계를 이해하는 데까지 확

장되었다. 당시의 인식 속에서 자연계는 말, 낙타, 양 등 명확히 정의할 수 있는 동식물로 가득한 곳이었다. 양에게는 양의 본질이 있어서 아무리 다양한 종류의 양이 존재한다 해도 총칭이 되는 양과 각종 양류로 정의가 가능하며, 이런 정의 혹은 본질을 하느님이 부여했다는 것이 창조론의 논리다. 이처럼 창조론이 막강한 힘을 가지게 된 바탕에는 종교적인 신앙뿐만 아니라 1천~2천 년 동안 이어 온 서양의 본질론적 사고가 있다.

이런 관점으로 세상을 이해하다 보니 사람들은 굳이 다투지 않고 화목하게 살 수 있었다. 우리가 알고 있는 말은 하느님이 말의 특징을 부여하고 말이 갖춰야 할 모습을 규정한 것이니 말이다. 이런 말에게도 당연히 변화가 일어난다. 여기 말 한 필이 있는데 옆의 말은 이 말보다 키가 큰 반면 다른 쪽 말은 키가 작고, 이 말은 갈색인데 저 말은 흰색이며, 어떤 말은 빨리 달리는 데 어떤 말은 느리고, 또 어떤 말은 무럭무럭 자라지만 어떤 말은 성장이 더디다. 그러나 이런 차이는 현상에 불과하여 말의 본질에 대한 인식에는 영향을 미치지 않는다. 현상에서 보이는 차이는 끝없이 계속해서 발생하므로 사람들은 여기에 매달리기보다 말의 본질과 정의가 무엇인지 알면 그만이었다.

구 사유 모델의 결함

이렇게 단순하고 명확한 분류학이 16세기에 이르러 왜 도전을 받기 시작했을까? 왜 린네의 '분류학'이 출현하게 된 것일까? 그 이유는 대항해 시대에 신천지가 속속 발견되면서 시간이 갈수록 유럽인들이 전혀 몰랐던 동물들이 여기저기서 튀어나왔기 때문이다.

예를 들어 유럽인은 전부터 낙타를 알고 있었지만 낙타와 말의 교배종은 몰랐다. 낙타는 낙타의 형태가 있고 말은 말의 형태가 있어서 두 동물은 완전히 다른 종류로 나뉜다고 믿었다. 그런데 훗날 유럽인이 한 번도 본 적 없는 라마나 야크 같은 동물이 갑자기 나타났다. 라마는 말과 낙타의 중간쯤이고, 야크는 소와 낙타의 중간쯤으로 보면 된다. 말의 특징과 낙타의 특징을 모두 가진 라마를 과연 무엇이라고 불러야 할까?

가장 먼저 떠오르는 생각은 라마를 말의 변종 또는 낙타의 변종으로 여기는 것이다. 즉 말 혹은 낙타가 기형적으로 자랐다는 것이다. 그러나 분류가 애매한 이런 동물들이 잇달아 출현하자 이 방법도 더 이상 통하지 않았다. 남아메리카 대륙에 가면 라마 외에도 알파카를 볼 수 있는데, 양과 낙타를 절반씩 닮았으며 침을 뱉는 습성이 있다. 그렇다면 알파카는 어떻게 분류해야 할까?

기존의 분류로는 한계가 있어서 새로운 체계가 필요했지만, 다윈이 『종의 기원』을 발표하여 반향을 일으키기 전까지 분류학에서는 여전히 옛 체계를 살짝 손질하는 데 그쳤다. 말과 낙타 중간에 라마라는 유형을 추가하고 정의를 내린 다음, 이 역시 낙타와 마찬가지로 하느님의 천지개벽 때 창조된 것이라고 발표했다. 우리가 하느님의 모든 창조물을 볼 수 없어서 잠시 라마의 존재를 깜빡했을 뿐이라는 것이다.

라마나 알파카 외에 유럽인이 오스트레일리아에 도착해 발견한 타조, 캥거루, 코알라 등도 과거의 분류 체계 안에 넣기 어려운 동물이었다. 타조는 신체 구조나 생식 방법으로 보면 명백히 조류지만 그때까지 누구도 이렇게 큰 새를 본 적이 없었다. 게다가 정의나 분류의 본질적인 면에서 봤을 때 새의 가장 큰 특징은 하늘을 나는 것인데, 타조의 날개는 이미 퇴화하여 전혀 날지 못했다. 그래도 타조를 새라고 볼 수 있을까?

종이 끊임없이 발견되면서 분류 체계는 포화 상태에 이르렀고 개별 종에 대한 정의를 내리기도 쉽지 않았다. 분류해 낸 동물들을 일일이 정의하기란 여간 귀찮은 일 아닌가! 그러자 일부 사람들은 이렇게 분류한 동물 배후에 필연적으로 이 종의 본질이 존재한다는 사실에 서서히 의심을 품기 시작했다. 기존의 분류 체계로는 점점 더 처리하기 어려워진 데다가 분류하고 기록해야 할 동물이 갈수록 많아지자, 본질과 현상의 '이원론'을 흔드는 이론들이 생겨났다.

이 세계를 본질과 현상으로 나눈 중요한 이유는 현상이 너무 복잡해서 본질을 통해 좀 더 쉽게 파악하기 위해서였다. 그런데 이제 분류를 거쳐 얻은 본질이 점점 더 많아지게 되었다. 15세기의 유럽인이 꼭 알아야 할 필요가 있다고 여긴 동물 종수를 80종이라고 가정해 보자. 그러면 설사 이 세계에 8천만 개의 서로 다른 생물 개체가 존재한다 해도 그 80종만 정확히 이해하면 그만이었다. 그러나 18세기 후반에서 19세기 초에 걸쳐 발견되고 기록된 본질 영역의 생물이 1만 종으로 늘어나자 기존의 분류학은 수습할 수 없는 지경까지 팽창하고 말았다.

세계를 보는 방식의 전환

이 세계에 1만 종이 넘는 생물이 발견되자, 이 많은 종의 본질을 완벽히 파악하고 이 방법으로 세계를 이해하기란 거의 불가능해졌다. 본래의 분류를 통해 현상을 단순화하려던 것이 결국 분류 자체가 손댈 수 없을 만큼 복잡해지는 꼴이 되었다. 이 점에 당혹스러워하던 당시의 많은 사람들은 누군가 새로운 방법으로 이 문제를 해결해 주길 기대했다. 그 시점인 1859년에 다윈의 『종의 기원』이 출판되자 며칠도 안 돼 초판이 모두 팔려 나갔다. 이는 이 책이 많은 사람의 기대에 부합했음을 의미한다.

다윈과 동시대 사람으로 진화학과 생물학을 전공한 헉슬리는 훗날 다윈의 친한 친구가 되어 진화론을 널리 전파하는 데 중요한 역할을 담당했다. 그는 『종의 기원』이 출간되자 급히 책을 구해 며칠 만에 다 읽고 난 뒤 이런 반응을 보였다. "아, 나는 왜 이렇게 멍청하단 말인가? 바보같이 이런 이론도 생각해 내지 못하다니……." 이는 굉장히 의미심장한 말이다. 헉슬리의 말은 다윈이 너무 똑똑해서 내가 보지 못한 것을 발견했다는 뜻이 아니었다.

잠시 아인슈타인의 예를 들어 보자. 아인슈타인이 상대성이론을 발견했을 때 이를 이해한 사람은 몇 명 되지 않았고, 이해한 사람들조차도 이 사람은 대체 머리가 얼마나 좋기에 이렇게 심오한 이론을 발견해 냈는지 불가사의하게 여겼다. 그러나 다윈의 책을 읽은 헉슬리는 이렇게 간단한 원리도 생각해내지 못했다며 스스로를 책망했다. 게다가 이런 반응을 보인 사람은 헉슬리만이 아니었다.

그렇다면 다윈과 달리 헉슬리가 분명히 알고 있으면서도 놓친 것은 무엇일까? 여기서 가장 중요한 것은 '분류'에 대한 관점이다. 이전 사람들은 일단 분류를 앞에 두고 생물 개체를 뒤에 두었다. 그러나 다윈은 완전히 새로운 태도를 취했다. 그는 사람들이 자연의 오묘함과 종의 변화 및 이 세계의 유래를 보지 못하는 이유가 여기에 있다고 여겼다.

다윈은 사람들과 정반대 방향으로 생물 세계를 관찰했다. 먼저 개체를 본 다음 그 안에서 종의 집합을 찾아냈다. 철학 용어로 표현하자면 현상학으로 기존의 본질론을 대체한 것이다. 우리는 성급하게 이 동물이 무엇인지 결정하거나 정의할 필요 없이 각각의 단일 개체가 실제로 어떻게 자라는지 관찰하면 그만이다.

이전의 관점으로 어떤 말을 관찰한다면, 다른 말과 같은 그 말의 특징이 곧 말의 본질이 된다. 사람을 관찰할 때도 먼저 그 사람이 다른 사람처럼 두 다리가 있고 직립 보행한다는 점을 확정한 다음에야 키가 큰지 작은지 또는 뚱뚱한지 말랐는지를 본다. 먼저 공통점을 찾은 뒤에 다른 점을 가리

다윈의 친한 친구인 토머스 헉슬리

는 것이다. 다윈은 이 순서를 바꾸었다.

그는 생물을 관찰할 때 먼저 차이점에 주목하고 이 종이 저 종과 어떻게 다른지를 기록했다. 앞에서도 언급했지만 다윈은 집비둘기의 예를 들면서 변종을 함께 이야기했다. 인간이 기르는 집비둘기는 개체 변화의 차이가 매우 크고 관찰하기도 쉬워서 종에 대한 기존의 개념을 바꾸는 데 도움이 된다.

본질주의 분류학에서 생물계는 종의 영역이 각각 명확하게 구분되어 있고, 종마다 저마다의 경계선과 장벽이 있었다. 그러나 다윈의 개념 속에서 생물계는 다원적인 좌표 체계처럼 각각의 특성을 지닌 개별 생물체가 독립된 위치를 차지했다. 이는 생물계가 무한한 개체로 이루어진 점들로 구성되었음을 뜻한다.

이 지역에 분포가 비교적 밀집된 곳이 있고 저 지역에도 분포가 비교적 밀집된 곳이 있다면, 이곳들은 종을 이룰 가능성이 높은 것이지 필연적으로 종을 이루는 것은 아니다. 그러니까 기존의 본질론이 중시한 본질을 우선 한쪽으로 미뤄 둔 다음, 종을 가정하지 않은 채 개체만을 본다. 개체가 얼마나 많은 변화를 일으키는지 마침내 어떻게 종을 형성하는지 보는 것이다. 원래의 출발점과 전제를 뒤바꿈으로써 다원은 당시 많은 사람이 곤혹스러워한 생물계의 복잡한 문제를 해결했다.

그래서 헉슬리는 이런 단순한 이치도 깨닫지 못한 자신을 책망했던 것이다. 당시 이 분야에 종사한 대다수 연구자들은 다윈처럼 대량의 동식물 자료를 가지고 있었다. 그러나 그들은 폐쇄적인 분류 체계 안에 새로운 자료를 무작정 밀어넣은 탓에 결국 전체 체계가 꽉 막혀 더 이상 옴짝달싹하지 못했다. 반면 다윈은 아예 이 체계를 멀리 던져 버리고 전혀 다른 시각으로 접근했다. 그는 말이 무엇인지, 낙타가 무엇인지처럼 종의 정의에 매달리지 말고 먼저 각 생물 개체가 어떤 모습으로 자라고 또 어떤 변화를 거치는지에 주목하라고 말했다.

다윈은 이런 비정의非定義의 방식을 다른 곳에서도 활용했다. 이전의 생물학자는 대개 본질론이나 정의식 사고로 해부와 구조를 이해했다. 그러나 다윈은 고정관념을 거부했다.

다윈은 『종의 기원』 6장에서 종의 상동 기관에 대해 설명했다. 원래 물속에서 살던 동물이 육지로 나온 것은 엄청난 변화다. 다윈은 동물이 물속 환경에서 땅 위 환경으로 적응한 능력을 이야기하면서 물고기의 기관을 예로 들었다. 대다수 물고기는 두 개의 호흡 기관을 가지고 있다. 하나는 우리가 잘 아는 아가미로 물속의 산소를 체내로 빨아들이고 체내의 이산화탄소를 물속으로 배출한다. 또 다른 기관은 부레다. 부레는 물속에서 뜨고 가라앉는 것을 조절해 준다. 공기를 많이 빨아들이면 부레가 팽창해 몸이 뜨고, 부레가 수축하면 밑으로 가라앉는다. 다윈은 부레가 사실 물속의 공기를 흡수하거나 용해하는 기관이라고 말했다. 그래서 물고기가 서서히 육지로 올라왔을 때 부레에는 이미 육지에서 공기를 호흡하는 기관으로 진화할 잠재력이 있었던 것이다. 수생동물이 육상동물로 진화할 때 부레가 결정적인 열쇠가 되었다는 점에서 다윈의 이 관찰은 매우 정확했다.

> 형태가 완전히 다른 두 개의 기관이 동일한 개체에서 동시에 같은 기능을 하는 경우도 있다. 이는 매우 중요한 과도기 방법이다. 예를 들면 물고기는 아가미로 물속의 공기를 호흡하는 동시에 부레로 용해된 공기를 호흡한다. (……)
> 물고기의 부레가 이를 설명해 주는 좋은 예다. 왜냐하면 이것은 처음부터 한 가지 목적, 즉 물에서 떠다니기 위해 만들어졌던 기관이 이와는 전혀 다른 목적, 즉 숨을 쉬기 위한 기관으로 바뀌었다는 매우 중요한 사실을 분명히 알려 주기 때문이다. (……)

모든 생리학자들은 이 부레가 위치나 구조 면에서 고등한 척추동물의 허파와 상응하며, 또는 이상적으로 매우 유사하다고 인정하고 있다. 따라서 자연선택에 의해 부레가 실제로 허파, 즉 호흡만을 하는 기관으로 변했다는 것은 조금도 의심의 여지가 없다.
—『종의 기원』 6장

다윈은 어떻게 이 사실을 발견할 수 있었을까? 당시 대다수 생물학자에게 허파란 육상동물이 공기를 호흡하는 데 사용하는 기관이었다. 또한 부레는 물고기가 뜨고 가라앉는 것을 조절하는 기관이었다. 이 이론대로라면 육상동물의 허파와 물고기의 부레가 매우 유사하다는 사실을 영원히 알 수 없다. 이 두 기관은 공기를 빨아들이면 팽창하고 공기를 배출하면 수축한다. 그러므로 기존의 관습에서 벗어나 현상과 비정의의 각도로 보아야만 양자 사이에 진화 가능성이 있음을 알 수 있다.

다윈은 이론만 제기한 것이 아니라 이 세계와 자연계를 보는 방법을 제시해 깊고도 큰 영향을 미쳤다.

2

다윈에 대한 과도한 추론

　다시 운 없는 라마르크로 되돌아가 보자. 라마르크와 다윈의 가장 큰 차이점은 한 사람은 '용불용설'을 주장하고 다른 한 사람은 '진화론'을 주장했다는 데에 있지 않다. 예전 교과서에 나오는 잘못된 개념을 꼭 버리길 바란다. 둘 사이의 진정한 차이는 라마르크가 가장 먼저 종이 변화한다는 사실을 증명하려고 시도했지만 그의 이론에서 종의 변화는 명확한 방향성을 가지고 있었다는 점이다. 그는 종이 간단한 것에서 복잡한 것으로, 조잡한 것에서 세밀한 것으로, 불완전한 것에서 완벽한 것으로 발전한다고 말했다. 그의 이론의 기본 전제는 대다수 종이 결함을 지니고 있어서 한 단계씩 완벽한 방향으로 진화하려는 경향을 가졌다는 것이다.

라마르크가 작성한 진화표를 지금까지 쓸 정도로 현대 생물학은 여전히 그의 영향을 받고 있다. 중학교 생물 시간에 배운 진화표는 생물을 진화 순서에 따라 가장 하등한 단세포생물에서 가장 고등한 인간까지 일렬로 죽 배열한 것이다. 당시 선생님들은 이것이 다윈의 진화론이라며 생물이 어떻게 단세포에서 지금의 인류와 같은 영장류인 호모사피엔스로 진화했는지를 설명했다. 그런데 문제는 이것이 다윈이 아니라 라마르크의 이론이라는 점이다.

라마르크는 생물이 하등에서 고등으로 진화한다고 일관되게 주장했다. 라마르크의 도식에서 자연계의 형성은 가장 단순한 생물에서 시작되었다. 이후 서로 다른 환경의 자극을 받고, 일부 기관은 실용성 때문에 끊임없이 변화하고 대대로 유전되어 더욱 복잡하고 고등한 생물이 출현했다. 그러나 라마르크는 한 가지 중요한 문제를 해결하지 못했다. 생물이 정말 가장 하등한 것에서 가장 고등한 것으로 진화했다면 이 세상에는 왜 가장 고등한 생물만이 사는 것이 아니라 다양한 생물들이 이렇게 많이 존재하는 것일까?

이 문제를 진지하게 고민한 이가 다윈이다. 그는 라마르크의 이론을 대부분 계승하여 이 문제의 중요성을 알고 있었다. 이에 그는 『종의 기원』 5장에서 왜 하등한 생물이 지금까지 존재하는지를 분명히 설명했다. 라마르크는 종이 끊임없이 우수하고 완벽한 쪽으로 변화 발전한다고 여겼지만, 다윈은 동의하지 않았다. 다윈은 종이 보편적이고 평균적인 기준에서 갈수록 완벽해지는 것이 아니라, 다만 특정한 환경에 점점 더 잘 적응하게 되는 것이고 생존 환경에 맞춰서 완벽해진다고 주장했다. 결코 종이 절대적인 기준을 가지고 앞으로만 죽 나아가는 것이 아니라는 말이다.

다윈의 이런 생각이나 관점으로 볼 때, 그가 진화표를 작성했을 리 만무하다. 생물은 특정한 환경에 따라 서로 다른 진화 단계를 거친다. 따라서 환경 중 최대 변수는 생물과 환경 사이의 관계다. 어떤 생물이 특정한 환경에 놓이면 처음에 이 환경과 서로 맞지 않는 부분이 많이 발견된다. 진화란 생물이 시간에 따라 자기가 처한 환경에 맞게 적응하는 과정이라고 할 수 있다. 만약 환경이 변하고 또 생물과 환경 사이에 부합하지 않는 점이 생기면 생물은 새로운 환경에 적응하도록 진화한다.

다윈 오독이 초래한 재앙

다윈의 자연선택설은 항상 오해되고 과도한 추론을 낳았다. 헉슬리가 "적응하는 생물은 생존하고, 적응하지 못하는 생물은 도태한다"라고 우렁차게 외친 구호도 여기에 해당한다. 다윈이 자연선택에서 언급한 '적응하는 생물'과 '적응하지 못하는 생물'은 종종 동일한 종에 속했다. 이는 같은 종의 개체 차이가 생존 기회를 결정하기도 한다는 말이다.

예를 들어 거위에게 가장 무서운 천적은 독수리다. 그러므로 독수리에게 쉽게 발각될수록 잡아먹힐 확률도 높다. 그런데 어떤 거위가 나뭇잎 사이에 숨는 것을 좋아해 독수리에게 쉽게 발각되지 않았다고 한다면, 이 거위는 다른 거위보다 살아남을 확률이 높고 나뭇잎 사이에 숨는 것은 그의 특징이 된다. 자연선택에서 '선택'이란 동일한 종이 동일한 환경, 천적, 자원에 직면했을 때 어떤 개체가 좀 더 많은 자원을 차지하거나 천적으로부터 자신을 보호하는 새로운 전략을 발전시켜 나가는 것이다. 이로써 이 개체는 다른 개체보다 더 많이 번식할 수 있다.

다시 강조하지만 다윈이 원래 『종의 기원』에서 말한 자연선택은 동일한 종 사이의 경쟁이었다. 그러나 사람들은 이런 개념을 라마르크의 진화표 및 라마르크가 주장한 진화 방향과 결합시켜 서로 다른 종 사이의 경쟁으로 바꿔 놓았다. 이는 19세기 후반부터 오늘날까지 인간의 사회 관념에도 상당한 영향을 미쳤다. 하등 생물일수록 쉽게 도태되고, 고등 생물은 하등 생물을 도태시키는 경향이 있을 뿐 아니라 심지어 하등 생물을 도태시킬 권리를 가진다는 것이다.

이 두 관념 사이에 실제로 상당한 차이가 존재하는데도 사람들은 경쟁 대상과 자연선택의 단위를 같은 종에서 다른 종으로 바꿔 버렸고, 이로써 의미 또한 완전히 변해 버렸다. 사람들은 종이 끊임없이 진화하고 완벽함을 추구하는데, 좀 더 진화하고 완벽한 종이 불완전한 생물 개체를 소멸시키고 도태시키며 자원을 취할 권리를 가지는 것이 곧 자연선택이라고 해석했다. 특히 이런 해석이 인간 사회에 적용된 것은 두렵기까지 하다.

헉슬리 등이 라마르크의 목적론적 진화표와 다윈의 자연선택을 같이 엮으면서 불변의 진리로 간주되는 새로운 존재론이 탄생했다. 비록 하느님의 의지는 존재하지 않지만 진화론에 따르면 결국 가장 완벽하고 똑똑한 인간이 이 세계를 정복해, 불완전하고 낙후한 모든 종을 없애는 이상적인 상황이 도래한다는 것이다. 이 개념에 의하면 불완전하고 낙후한 종은 자연선택에 적응하지 못하고 사라지는 것이 당연했다. 이로써 진화론은 우수한 종이 우수하지 못한 종을 소멸하고 완벽한 종이 완벽하지 못한 종을 파괴한다는, 또 다른 신성하고도 필연적인 목적론으로 변질되었다.

19세기에는 많은 사람이 사회 다윈주의를 강자가 약자를 괴롭히고 다수가 소수에게 폭력을 휘두르는 근거로 삼았다. 요즘 같은 때에 내가 이유 없이 사람을 한 대 때리는 것이 가능할까? 그러나 19세기에는 때리는 나는 적응한 사람이고, 맞는 사람은 힘이 약한 것이니 마땅히 도태되어야 했다. 이것이 자연법칙이라고 여겨졌다. 당시 사람들은 다윈이 이런 법칙을 발견했다고 믿었다.

현대는 지구와 환경에 대재앙이 일어난 시기로 간주된다. 15~16세기의 대항해 시대부터 시작된 서양의 탐험과 정복에 제국주의의 흉포라는 요소가 더해져, 자연을 멋대로 해침으로써 지금의 대재앙을 야기했다는 것이 일반적인 생각이다. 그러나 19세기 전까지는 제국주의자도 자연을 함부로 대하지 못했다. 자연은 하느님이 창조한 것이기 때문에 인간에게 이를 파괴하고 바꿀 권리와 자격이 있는지 주저하고 의심했다.

그러나 앞에서 얘기한 것처럼 다윈의 진화론이 라마르

크의 목적론적 진화표와 결합하면서 무시무시한 재앙이 일어났다. 어떤 종의 소멸은 자연선택에 따라 그 종이 소멸할 수밖에 없음을 증명하는 것이 되었다. 만약 그 종이 진화에서 뒤처지지 않았다면 절대 소멸할 리 없으므로 인간이 그 종을 소멸한 것은 자연법칙에 따랐음을 증명할 뿐이다. 이것이야말로 19세기부터 20세기까지 전 세계의 자연이 몸살을 앓은 근본적인 원인이라고 할 수 있다.

사상과 관념의 변화가 기술 발명이나 개량이 아니라 엉뚱한 데에서 큰 영향을 미쳤다고 상상하니 정말 두려운 마음이 든다. 인류가 자연을 파괴한 수많은 잔악한 수법은 19세기 전에 이미 발명되었고, 인간과 동물 및 인간과 자연계 사이의 불평등한 관계는 그때부터 존재했다. 그러나 인간의 행동은 이런 사상의 변화가 나타난 뒤에 비로소 본격적으로 바뀌게 되었다.

이런 이유 때문에 다윈의 책을 한 글자 한 글자 인내심을 가지고 읽어야만 다윈주의와 다윈 사이의 진정한 관계를 확실히 밝혀내 사람들을 일깨울 수 있다. 다윈이 증명하려고 시도한 것이 A이고, A를 증명하는 과정이 a라고 한다면, a에서 B를 도출한 이는 다윈이 아니라 다윈주의자들이다. 다윈주의는 사실 다윈 이론의 지원을 전혀 받지 못했다. 다윈은 한 번도 고등한 종이 반드시 하등한 종을 소멸한다고 말한 적이 없다. 그러나 지금까지도 많은 사람이 다윈주의가 다윈에게서 파생되었다고 잘못 알고 있다. 다른 종 사이의 경쟁은 다윈의 자연선택 개념에서 중요한 부분이 아니라는 점을 분명히 알아야 한다.

3

다윈이 예측하지 못한 돌연변이

다윈의 위대한 공헌은 비본질적이고 비정의적인 방식으로 자연계를 관찰했다는 것이다. 그는 이분법적 사고의 한계와 문제를 극복하고 새로운 스펙트럼식 사고를 제공했다. 이는 수많은 생물이 스펙트럼처럼 분포되어 있고, 종은 곧 우리가 보는 색깔과 같다는 말이다. 실제로 무지개의 스펙트럼은 연속적이지만 인간은 이를 빨주노초파남보의 일곱 가지 색깔로 나누었다. 이 일곱 가지 색깔은 결코 물리 현상이 아니지만 인간은 눈으로 본 것을 믿을 뿐이다.

자연계에서는 본래 스펙트럼처럼 점층적이고 다양한 변화가 나타난다. 그중 변화가 집중적으로 일어나는 부분을 인위적인 분류에 따라 '종'이라고 정의했다. 물론 종은 또 다른 형태로 변화가 가능하다. 다윈은 이런 스펙트럼식 종의 변화 개념을 채택함으로써 필연적으로 또 다른 난제에 부딪혔다. 현재 존재하는 이 많은 종류의 동물이 원래 같은 동물에서 서로 다른 진화 과정을 거쳐 생겨났다면, 최초의 종과 진화한 종 사이에는 과도기의 형태가 존재하지 않을까?

다윈은 『종의 기원』 4장에 나오는 도표에서 종이 어떻게 변화하고 변종이 어떻게 유지되며 변종 이후에 어떻게 새로운 종이 출현하는지 등을 설명한다. 예전 생물 교과서에서 자주 등장한 진화의 예는 기린이었다. 만약 기린이 사슴 혹은 사슴과 유사한 동물의 변종이라면 다윈은 기린의 지금 모습을 어떻게 설명했을까?

다윈은 먹을 것이 부족하거나 다른 종과 나뭇잎을 서로 먹으려고 경쟁할 때 목이 조금 긴 사슴이 비교적 많은 먹이를 얻고 살아남을 기회가 많아짐에 따라 후대를 번식할 확률도 높았을 것으로 가정했다. 여기서 조금씩 미세한 변화가 나타나고 긴 시간 동안 이 변화가 축적되어 환경에 적응하는 데 유리했기 때문에 점점 더 높은 나무의 잎을 따 먹을 수 있게 되어 지금 우리가 보는 기린의 모습을 갖추었다는 것이다. 반면 창조론에서는 목이 짧은 사슴도 동물 중 하나이고, 목이 긴 기린도 동물 중 하나로 모두 하느님의 뜻에 따라 창조되었다고 말한다. 하느님이 각각의 동물을 창조한 것은 별개의 일로 이 두 동물 사이에는 어떤 관계도 존재하지 않는다.

종의 과도기

그러나 기린의 목이 긴 시간 동안 서서히 그리고 조금씩 자랐다는 다윈의 이론을 받아들이면 문제가 발생한다. 현재의 기린에서 목이 짧은 조상으로 거슬러 올라가는 과정에서 반드시 과도기의 증거를 찾을 수 있어야 하기 때문이다. 『종의 기원』 6장의 주제가 바로 '과도기'다. 사슴과 기린의 과도기 형태, 즉 목의 길이가 기린의 3분의 1, 또는 절반 정도 되는 변종을 지금 볼 수 없는 것은 확실히 심각한 문제다.

이 문제는 인간의 진화에도 영향을 미쳤다. 사람이 원숭이에서 진화했다는 다윈의 주장에 대해 당시 반대론자들은 그 증거가 어디에 있고, 또 현재의 인간이 원숭이와 크게 다른 이유가 무엇이냐며 날카롭게 질문을 던졌다. 사람이 정말 원숭이에서 서서히 진화했다면 사람을 닮은 원숭이나 원숭이를 닮은 사람처럼 사람과 원숭이 사이에 위치하는 여러 변종이 존재해야 맞지 않을까? 이에 다윈은 진화생물학, 특히 인간의 기원에 대해 그 유명한 '잃어버린 고리'Missing Link를 언급했다.

다윈이 『종의 기원』 6장에서 왜 과도기를 찾을 수 없는지에 대해 설명한 것은 정말 똑똑하고 천재적인 대응이었다. 그는 앞서 4장과 5장에서 장광설을 늘어놓았다. 종의 변화 과정에서 중요한 기능을 하는 기관일수록 쉽게 변화하지 않고 중요하지 않은 기관일수록 많은 변화가 일어난다며, 독자들이 수다스럽다고 느낄 만큼 떠들었다. 그러고 나서 6장을 읽으면 독자들은 앞의 내용이 복선이었음을 비로소 깨닫게 된다.

그는 먼저 종의 변화가 평균적이지 않고 다양한 빈도를 보인다는 데 동의하도록 설득한 다음, 과도기를 찾을 수 없는 가장 중요한 이유를 이 안에 감추어 두었다. 예를 들어 개체의 진화에 매우 유리했던 까닭에 기린이 짧은 목에서 긴 목으로 변화하는 속도는 굉장히 빨랐다는 것이다. 그는 앞서 진화에 유리해 일단 변화가 시작되면 속도가 매우 **빠르고** 변화도 더 많다고 말한 바 있다. 바꿔 말해 사슴의 다른 기관은 1천~2천 세대에 걸쳐 완만히 변화한 데 반해, 목의 길이는 300세대 정도에 걸쳐 빠른 변화가 일어나 기린이 되었다고 할 수 있다. 그는 중요한 변화일수록 중간에 변화 시간이 크게 단축되기 때문에 쉽게 증거를 찾을 수 없다고 말했다.

오늘날 우리가 과도기의 종에 대해 다른 관점을 가지게 된 것은 당시 다윈이 몰랐던 많은 지식을 습득했기 때문이다. 이를 근거로 미루어 보면 다윈이 얼마나 똑똑하고 인내심이 강하며, 당시 사람들이 자신의 주장을 받아들이도록 노력했는지 알 수 있다.

지금은 수많은 자료를 통해 종의 변화의 원동력이 다윈이 말한 점진적이고 미세한 변화의 축적이 아님이 밝혀졌다. 다윈이 몰랐던 사실을 알려 준 중요한 과학의 돌파구에는 멘델의 유전학은 물론 훗날 발견된 유전자에 대한 인식과 이해도 포함되어 있다.

유성생식이 낳은 돌연변이

종은 진화 과정에서 유성생식을 통해 환경에 적응하는, 거대하고 도약적인 변화를 이루었을 뿐만 아니라 비교적 복잡하고 다원적인 개체로 발전했다. 이에 반해 무성생식으로 분열하는 생물은 유전적으로 완전히 동일한 개체를 만들어 낸다. 무성생식은 환경에 변화가 일어나면 적응력이 크게 떨어져 집단이 전멸하는 경우도 발생한다. 유성생식은 수컷(아버지)과 암컷(어머니)이 함께 자식을 생산하는 것이다. 자식은 아버지와도 같지 않고 어머니와도 달라 세대 간에 필연적으로 변화가 일어난다.

유성생식의 기본 원리는 생식세포가 두 개로 분열된 이후 그중 하나가 이성의 또 다른 세포 하나와 결합하는 것이다. 생식세포가 끊임없이 분열하고 결합하는 과정 중에 유전학에서 말하는 '돌연변이'가 생겨난다. 돌연변이는 다원성을 확보하고 환경 변화에 적응하기 위해 종이 채택한 전략이자 이에 따른 부산물이다. 세포의 분열과 결합 및 돌연변이는 생물 변화에 원동력을 제공했다. 그러나 당시 다윈과 라마르크는 모두 돌연변이에 대해 전혀 인식하지 못하고 있었다.

기린은 사슴 중 어떤 개체가 생식 과정 중에 돌연변이를 일으켜 출현했을 가능성이 가장 높다. 돌연변이는 여러 가지 방향과 가능성이 있어서, 어떤 사슴은 갑자기 꼬리가 길어졌을지도 모른다. 그러나 꼬리가 길어진 사슴은 자연선택에서 우세를 보이지 못해 자손을 많이 번식하지 못하고 시간이 지나면서 유전자가 희석되고 사라졌을 것이다. 반면 목이 길어지는 돌연변이를 겪은 사슴은 이와 완전히 달랐다. 목이 길어진 사슴은 다른 사슴의 입이 닿지 않는 높은 나무의 잎도 너끈히 따 먹을 수 있게 되면서 수많은 동종 사슴과 굳이 경쟁할 필요가 없어지고 비교적 많은 후손을 번식할 수 있었다.

멘델의 유전학에 따르면 모든 개체가 목이 긴 돌연변이로 태어나지는 않는다. 사슴이 새끼 네 마리를 낳는다고 가정한다면 세 마리는 원래 사슴의 모습을 띠고 한 마리에게만 긴 목이 유전된다. 이 네 마리 중에서 비교적 많은 자손을 남길 기회를 가진 것은 당연히 목이 긴 사슴이다. 먹을 것이 부족하거나 가뭄이 들면 목이 긴 개체의 생존 우세는 더욱 확연히 드러난다.

따라서 가장 가능성이 높은 생물 진화의 동기나 동력은 미세한 변화의 축적이 아니라 돌연변이에서 생겨난다. 후대 사람들이 다윈의 진화론에 가한 중대한 수정이 이것이다. 다윈은 돌연변이를 몰랐으므로 과도기의 종을 해석하는 문제에 모든 노력을 기울여야 했다. 과도기가 없었던 것은 갑자기 목이 길어진 기린이 자연선택에서 우세를 차지한 뒤 더 많은 자손을 번식했기 때문이다.

4

성선택: 수컷 경쟁과 암컷 선택

진화론 연구의 핵심 주제 가운데에는 '성선택'Sexual Selection이라는 것이 있다. 다윈은 성선택을 자연선택의 보완으로 여겼다. 자연선택은 개체의 생존 여부와 관련이 있으며, 성선택은 개체의 교배 기회와 관련이 있다. 종과 개체의 특성에 따라 교배 기회에 차이가 나기 때문에 자손을 번식할 확률도 달라진다. 이는 당연히 종의 구성과 양상에 영향을 미친다.

『종의 기원』 4장의 성선택에 관한 부분은 훗날 '수컷 경쟁과 암컷 선택'으로 요약되었다. 자연계, 특히 동물계에서 성선택이란 수컷이 경쟁하고 암컷이 선택하는 것이라 할 수 있다. 동물 중 대다수 수컷은 짝짓기를 위해 특별히 용감하고 건장하며 아름다운 모습을 드러낸다. 이는 결국 강한 개체가 비교적 많은 교배 기회를 얻고, 강한 수컷이 많은 암컷을 유인할 수 있다는 말이다.

이 선택은 다른 생물이나 외적 조건과 관련된 생존경쟁이 아니라 동성 개체 사이의 경쟁에 의해 일어난다. 이는 통상적으로 수컷이 암컷을 차지하기 위해 벌이는 경쟁이다. 그 결과는 경쟁에서 진 개체가 죽는 것이 아니라 자손을 조금밖에 남기지 못하거나 전혀 남기지 못하는 것이다. 따라서 성선택은 자연선택만큼 치열하지 않다. 보통 가장 힘이 센 수컷, 곧 자연계에서 그 자리를 차지하는 데 가장 적합한 개체가 가장 많은 자손을 남기기 마련이다.
―『종의 기원』 4장

성선택과 자연선택

나중에 치열한 공방이 벌어지기도 했지만, 좀 더 강하고 적합한 능력이 있는 수컷을 암컷이 고심 끝에 선택해 교배한다는 다윈의 주장에서는 주도권을 암컷이 쥔다. 여기서 우리는 먼저 두 가지를 생각해 봐야 한다.

첫째는 성선택과 자연선택을 동일한 것으로 보느냐 별개의 것으로 보느냐의 문제다. 다윈은 이 두 가지를 별개의 일로 간주했다. 그는 자연선택이 개체의 생사에 영향을 미치는 반면, 성선택은 예를 들자면 후손을 여덟을 낳을 수 있을지 아니면 여섯을 낳을 수 있을지를 결정할 뿐이라고 여겼다. 그러나 이후에 진화생물학의 또 다른 돌파구가 열리면서 성선택과 자연선택은 하나로 묶이게 되었다.

개체의 생존은 하나의 개체에만 연관된다. 그러나 앞서 말했듯 성선택이 개체가 후손을 여덟을 남길지 여섯을 남길지 결정한다면, 그 개체 수의 차이는 둘이 된다. 그러므로 성선택은 다윈이 말한 것과는 달리 그저 자연선택의 부산물만은 아니다. 수많은 종의 진화 현상이 성선택이 있어야만 해석된다. 가장 대표적인 예가 공작이다.

어떻게 자연선택에서 길고 화려한 꼬리를 가진 공작이 우세를 차지하게 되었을까? 원래 꼬리가 화려하면 천적의 눈에 띄기 쉽고, 꼬리가 길면 행동이 불편해지기 마련이다. 그런데 천적의 눈을 피하기 정말 어려운 공작이 뜻밖에도 많은 후손을 번식할 수 있었던 것은 화려한 꼬리를 가진 수컷일수록 더 많은 암컷과 교배할 기회를 얻어 자신의 생물적 특징을 대대로 물려주었기 때문이다.

조류는 대개 이와 유사한 특징을 가지고 있다. 작은 새들은 짝짓기를 시도할 때 암컷의 주의를 끌기 위해 대부분 몸동작이나 소리로 구애를 한다. 그런데 암컷을 유혹하려는 이런 행동은 동시에 포식자에게 들키기도 쉽다. 다윈의 자연선택 이론대로라면 이 새들은 가능한 한 이런 특징을 없애야 살아남는 데 유리하지만 실제로는 이와 정반대 현상이 일어난다. 따라서 성선택과 자연선택을 동등하게 놓지 않은 다윈의 이론은 현실 세계와 차이가 있음을 알 수 있다.

둘째로 생각해 봐야 할 것은 다윈이 『종의 기원』 5장에서 성선택을 다시 언급하면서 '2차 성징'을 강조했다는 점이다. 2차 성징이란 단순히 이성을 유혹하는 데 쓰일 뿐 실제로는 생식 기능이 없는 것을 가리킨다. 다윈은 2차 성징이 쉽게 변하고 변종이 출현하기도 매우 용이하다고 주장했다. 동물의 2차 성징은 대개 수컷에게 나타나는데, 수사자의 목덜미에 난 갈기가 대표적이다. 2차 성징이 실제로 생식 기능이나 다른 기능이 전혀 없는데도 계속 유전된 이유는 암컷이 짝을 선택할 때 유리한 요소로 작용하기 때문이다.

2차 성징이 변이하기 쉽다는 것은 구태여 설명하지 않아도 모든 생물학자가 인정할 것이다. 2차 성징은 성선택에 의해 축적된 것이고, 성선택의 작용은 자연선택보다 엄격하지 않아 죽음을 초래하지 않는다. 다만 비교적 적합하지 않은 수컷이 적은 자손을 남기게 할 뿐이다. 2차 성징의 변이성의 원인이 어디에 있든 그 형질은 매우 변하기 쉬운 까닭에 성선택에서 광범위하게 작용했을 것이다. 그리하여 같은 군의 종에 더욱 많은 변이가 일어나게 하는 데 쉽게 성공한 것이 틀림없다.
―『종의 기원』5장

동물계에서 2차 성징과 관련해 매우 특이하면서도 뚜렷한 예외를 보이는 것은 바로 인간이다. 인간의 2차 성징은 수컷보다는 암컷에게 더욱 두드러지게 나타난다. 그래서 19세기 후반부터 20세기 초까지 생물학계에서는 다윈이 말한 종의 변화의 규칙이나 법칙을 인간에게 적용해야 하느냐의 문제에 대해 거의 언급하지 않았다. 다윈이 발견한 2차 성징의 진화는 오직 동물계에만 적용될 뿐이었다. 그러다가 1960년대에 이르러 페미니즘 단체에서 이를 주목하기 시작해 인간의 성선택에 대한 진지한 토론이 이루어졌다.

사실 인간의 2차 성징은 그것이 종의 변화라는 범주에

들어가는 것인가의 문제로까지 확대된다. 인간은 과연 종의 변화 규칙을 따르는 것일까 아니면 특수한 사례에 속할까? 다윈이 또 다른 저서인 『인간의 유래와 성선택』The Descent of Man and Selection in Relation to Sex에서 인간에 대해 자세히 다루고 있으니 뒤에서 다시 이야기하기로 하자.

본능과 생식 불능

『종의 기원』 앞쪽 몇 장에서는 주목해서 봐야 할 주제가 두 가지 있다. 하나는 본능이다. 본능이란 꿀벌이 벌집을 짓는 것처럼 생물의 행위 중에 명확히 학습에 의존하지 않고도 지니게 되는 능력을 가리킨다.

창조론자들은 하느님이 존재하지 않는다면 꿀벌이 무슨 재주로 인간의 능력으로는 도저히 만들어 내지 못하는 정교한 육각형의 벌집을 지을 수 있겠느냐고 묻길 좋아한다. 또 하느님이 없다면 우리 인간이 해내지 못하는 일을 어떻게 동물이 해내고, 이처럼 완벽하게 환경과 조화를 이룰 수 있는지 묻는다. 이때 다윈이 창조론을 뒤엎으려고 제시한 것이 본능이다. 그는 저작에서 본능과 습성의 차이를 입증하고 자연선택 역시 본능으로 해석할 수 있다고 말했다.

또 한 가지는 생식 불능의 문제다. 서로 다른 종 혹은 약간 상이한 종이 부자연스런 상황에서 교배하여 태어나는 자손은 종종 생식 능력을 가지지 못하는 경우가 있다. 대표적인 예가 말과 당나귀 사이에서 태어나는 노새로, 노새는 새끼 노새를 낳을 수 없다. 노새가 태어나려면 반드시 말과 당나귀를 교배해야만 한다. 노새는 종의 변화의 명백한 증거지만 자연적인 환경 아래서는 결코 번식하지 못하고 살아남을 수도 없다. 다윈은 생식 능력과 생식 불능이 종의 변화에서 어떤 역할을 하는지에 대해 이 몇 장에서 자세히 설명하고 있다.

다윈의 패러다임 전환

『종의 기원』에서는 사실 두 가지 다른 논점을 함께 이야기하고 있다. 하나는 종은 변화한다는 것이고, 다른 하나는 종의 변화의 원인이다. 사상사적 관점에서 봤을 때, 헉슬리처럼 다윈의 저서를 읽은 후 자신이 멍청했다고 여긴 생물학자들은 대체 어떤 오류를 범했을까? 사실 그들 자신도 다윈이 목격한 현상을 보고는 어렴풋이나마 종은 변화한다고 생각했을 것이다. 그러나 당시는 이미 과학적인 방법이 수립된

때였다. 따라서 생물학자들은 먼저 종이 왜 변화하는지에 대한 의문을 해결해야만 종이 변화한다고 주장할 수 있었다.

다윈이 패러다임의 대전환을 이룰 수 있었던 요소로는 외재적인 것과 내재적인 것이 있다. 외재적인 요소는 다윈과 동시대에 살았던 생물학자들이 창조론자들에게 엄격한 제약을 받았다는 점이다. 그들은 이런 주장이 하느님의 뜻을 거스르고, 특히 하느님의 이름으로 세워진 교회와 기독교도를 불쾌하게 한다는 사실을 잘 알고 있었다. 내재적인 요소는 생물학자들이 다량의 자료를 수집하여 종이 변화한다는 증거는 찾아냈지만 종이 왜 변화하는지에 대해 간단하게 설명할 방법을 도무지 몰랐다는 점이다.

'종은 변화한다'는 것과 '종은 자연선택에 의해 변화한다'는 것은 성격이 다른 주장이다. 이 두 가지 주장이 함께 섞여 있어야 비로소 중요한 저작이 될 수 있다. 『종의 기원』의 일부분에서는 단지 종의 변화에 대해서만 설명한다. 예를 들면 1장과 2장 같은 앞부분에서는 많은 페이지를 할애해 종이 변화한다는 증거를 나열했고, 나머지 부분에서는 종의 변화가 자연선택에 의해 이루어졌다는 점을 따로 얘기했다. 그러나 전체적으로 보면 다윈이 이 두 가지를 함께 놓고 설명하려 한 고심의 흔적이 엿보인다.

만약 당시에 어떤 학자가 처음부터 끝까지 종은 변화한다고 주장하는 책을 쓰고, 또 다른 어떤 학자가 처음부터 끝까지 종의 변화가 자연선택에서 비롯됐다는 책을 썼다면, 이 두 책은 영국은 물론 유럽과 전 서양 사회에 그렇게 큰 반향을 일으키지 못했을 것이다. 종은 변화한다고 주장한 책은 분명 기독교도에게 강한 비판과 배척을 당했겠지만, 당시 생물학자들이 전혀 몰랐던 사실을 밝힌 것이 아니기 때문에 초주검이 되도록 공격받지는 않았을 것이다. 또 이 책 안에는 큰 충격을 줄 만한 내용이 담겨 있지 않아 영향력이 그렇게 크다고도 볼 수 없다. 한편 자연선택을 주장한 책 역시 창조론자들의 심기를 건드리지 않았을 것이다. 단지 자연선택만을 말한다면 이는 대단히 기술적이고 전문성을 띤 생물학 내부의 주장이라 일반적인 창조론자들에게 주목받지 못했을 가능성이 높다.

그러나 다윈은 이 두 가지 주장을 한데 모아 책으로 엮었다. 그래서 그는 우선 여기에 찬성하든 반대하든 사람들의 큰 주목을 끄는 데 성공했다. 다음으로는 이미 종이 변화한다는 사실을 알고 있던 생물학자들에게 영향을 미쳤다. 그들은 지옥에 떨어진다는 교회의 선언을 들을까 두려워 감히 공개적으로 진실을 말할 용기가 없었지만 다윈의 자연선택론에 자극을 받아 이를 받아들일지 고민하게 되었다.

    종의 변화가 목적이라면 자연선택은 종의 변화의 이유다. 목적과 이유가 결합하여 다윈의 저작은 강력한 힘을 발휘할 수 있었다. 만약 종이 왜 변화하는지 해답을 제시하지 못하고 오로지 종이 변화한다는 사실만 언급했다면 모든 사람의 주목을 끄는 현상으로 부각되지 못했을 것이다.

다윈의 해명: 『종의 기원』 7~9장

『종의 기원』 7~9장에서 다윈은 더 이상 창조론자들이 물어볼 만한 질문에 응대하지 않았다. 이 세 장에서 그가 설정한 독자는 생물학을 연구하는 동료들이었다. 따라서 여기서는 동료들이 이미 알고 있는 종의 변화에 대한 설명이나 해석보다는 그들이 비판하고 의심하는 자연선택에 더 큰 중점을 두었다. "어이, 찰스! 자네가 펼친 대부분의 주장은 우리도 이미 알고 있는 것이라네. 그런데 갑자기 모든 종의 변화가 자연선택에서 비롯되었다고 제기하는 통에 깜짝 놀랐네. 그 주장이 과연 타당성이 있는 것인가?"

우리가 지금 읽는 이 세 장은 『종의 기원』 재판 이후에 수정된 내용으로, 당시 생물학자들이 초판을 보고 가려낸 중대한 오류를 해명한 것이다. 이 세 장의 내용은 더 이상 진화론과 창조론이라는 신구 패러다임의 대결이 아니라 승부가 이미 결정된 후 새로운 패러다임 내에서 전개된 진일보한 논의라고 할 수 있다. 당시 다른 생물학자들은 진화론, 특히 자연선택을 겨냥해 논리적으로 오류가 있는 부분을 집중 추궁했다. 다윈은 이런 문제 제기에 답변할 목적으로 다시 이 세 장을 썼다.

이를 정리하면 다음과 같다. 다윈이 자발적으로 먼저 일련의 이론을 제기하자 많은 사람이 그를 공격했다. 성실하면서도 항상 노심초사하는 학자였던 그는 문제를 회피하지 않았을 뿐 아니라 외려 책에 이를 그대로 반영했다. 그래서 후대의 생물학자들은 이 책을 읽을 때 여러 가지 다양한 문제를 함께 접할 수 있었다. 1880년대부터 1930년대까지 적어도 50년이라는 기간 동안 서양의 생물학자들은 이 세 장을 읽을 때 다윈의 답변이 아니라 다윈이 수집하고 기록한 문제에서 더 큰 흥미를 느끼고 더 많은 성과를 거두었다.

솔직히 말해 다윈이 이 세 장에서 제시한 답변은 그리 중요하지 않다. 생물학사에서 진정으로 중요한 것은 오히려 그가 제대로 답변하지 못한 문제들이다. 이 문제들은 훗날 전체 진화론의 핵심을 이루었다. 따라서 우리는 이 몇 가지 문제들이 이후 서양 생물학 분야에서 각각 어떤 전통을 형성했는지 알아 둘 필요가 있다.

1

점진적 진화에 대한 회의

 다윈의 진화론에서 '시간'은 핵심 역할을 한다. 다윈은 『종의 기원』에서 진화는 완만하게 진행되고 아주 긴 시간을 필요로 한다고 거듭 강조했다. 이 책에서 그가 그린 도표는 100세대, 1,000세대 동안 발생한 변화를 기록한 것으로, 다윈은 종의 변화가 몇 세대 사이에 일어날 수 있다고 절대 믿지 않았다. 이는 그의 과학적 사고로 내린 결론이자 논증 전략이기도 했다.

 종의 변화를 믿지 않는 사람들은 항상 눈에 보이는 현상을 예로 든다. 10년 전이나 기껏해야 수백 년 전 역사 기록을 현재와 비교하며 종은 변화하지 않는다고 말한다. 다윈은

『종의 기원』에서 이집트를 증거로 든 사람을 언급하며, 고작 고대 이집트의 문물인 피라미드에 그려진 동물 그림이 지금의 동물과 다르지 않다고 종은 변화하지 않는다고 말하는 것은 어불성설이라고 반박했다. 다윈은 3천 년도 긴 시간이 아니라고 말했다. 일반인이 보기에 3천 년은 아주 긴 시간이지만 종의 변화에서는 결코 긴 시간이 아니다.

진화란 조금씩 서서히 누적되는 것이라고 주장한 다윈은 종이 변화하는 데 아주 오랜 시간이 걸린다고 여겼다. 다윈은 기린의 목이 갑자기 30센티미터에서 1미터로 자랐다는 주장을 받아들이지 않았다. 처음에 목의 길이가 30센티미터인 기린이 있었다면 다음 세대에는 30.001센티미터, 그다음 세대에는 30.005센티미터, 이렇게 수없이 많은 세대를 거쳐 경쟁에서 우위를 차지하는 변화가 서서히 쌓임으로써 마침내 기린의 뚜렷한 특징이 나타나게 되었다는 것이다.

이런 다윈의 자연선택설에 의문을 가진 사람들은 만약 종의 변화가 정말 수천 세대에 걸쳐 쌓인 결과라면 축적 방향과 역행하는 변화는 찾을 수 없느냐고 질문을 던졌다. 다시 기린의 예를 들어 보자. 엄격히 말해 다윈의 이론은 여기 있는 사슴 다섯 마리 가운데 한 마리가 다른 사슴보다 키가 조금 더 크다는 추론에서 출발한다. 이를 1센티미터로 가정했을 때, 다윈에게 의심을 품은 사람들은 고작 1센티미터가 크다고 다른 사슴보다 나뭇잎을 더 많이 따 먹지는 못했을 텐데 어떻게 우세하다고 말할 수 있으며, 이런 상황에서 이 우세를 어떻게 유지하고 더 나아가 축적까지 할 수 있었겠느냐고 반문했다.

다윈의 이론에서는 비교적 좋은 자원을 획득한 개체가 더 많은 교배 기회를 얻고 더 강하게 자라며 배고픔에서 빨리 벗어날 수 있다고 분명히 말했다. 그러나 실제로 1센티미터 크다고 해서 당장 생존 우위에 설 수 있는 것은 아니다. 바꿔 말해 이 사슴이 목 길이가 1.5센티미터인 새끼를 낳기 전까지는 이 1센티미터의 우세가 전혀 드러나지 않는데 어떻게 축적이 가능하겠느냐는 것이다. 아주 미세한 변화에 그친다면 이 변화는 우세를 차지하지 못하고 곧 사라져 버린다.

다시 원점으로 돌아가서 이 사슴 다섯 마리 중 한 마리의 발굽이 다른 사슴보다 좀 더 두껍다고 치자. 이것 역시 나머지 사슴과는 다른 특징이지만 이 사슴이 더 빨리 달리지 못해 어떤 우세도 점하지 못한다면, 새끼를 낳았을 때 우세를 점하지 못한 발굽은 도태되고 만다. 똑같은 이치로 생각해 볼 때, 목이 1센티미터 길다고 뚜렷한 우세를 보이지 못하는데 어떻게 축적이 가능하단 말인가?

이번에는 포유동물을 예로 들어 보자. 어원이 '어머니'인 '매멀'mammal이 포유동물이라는 뜻을 가지게 된 이유는 어미의 가장 큰 특징이 수유이기 때문이다. 또한 포유동물이 진화 과정에서 우세를 차지할 수 있었던 것은 새로 태어난 개체가 직접 어미로부터 영양분을 공급받고 정성어린 보살핌을 받아 스스로 먹이를 찾아 나설 필요가 없었기 때문이다. 포유동물은 영양가가 매우 높은 어미의 젖을 직접 얻음으로써 가장 정교하고 섬세한 신체 구조를 가지게 되었다.

포유동물은 수유라는 특징으로 인해 진화 과정에서 수유를 하지 않는 곤충이나 어류보다 상대적으로 우세를 점했다. 더욱 정확히 말하면 수유는 오랜 시간 동안 축적된 거대한 변화로서 진화에서 명백하게 우세하다고 할 수 있다. 그러나 우리는 이런 질문을 던져야만 한다. 다윈의 이론에 따르면 수유도 단시간에 일어난 생물적 특징이 아니므로 처음에 미세한 변화가 시작되었을 때 어떻게 우세를 차지할 수 있었을까?

오늘날 우리는 동물의 수유 행위에 이미 익숙해져 있지만 포유동물이 처음 출현했을 때는 완벽한 수유 기제를 가지지 못하고 어떤 한 동물의 몸에서 젖이 약간 분비되었을 가능성이 높다. 생물 시간에는 알을 낳는 오리너구리가 가장 원시적인 포유동물이라고 가르치지만, 오리너구리에게는 유선이나 유두가 없다. 따라서 포유동물이 진화하기 시작했을 때는 다른 개체와 거의 차이가 나지 않았고, 그저 몸에서 젖을 조금씩 분비했을 것으로 추정된다.

그렇다면 이후 태어난 포유동물의 유생幼生(변태하는 동물의 어린 것. 배胚와 성체의 중간 시기로, 독립된 생활을 영위하며 성체와는 현저하게 다른 모양과 습성을 가진다)은 젖을 먹기 위해 어미 곁에 머무른 것일까? 그렇지 않았다면 수유하지 않는 다른 동물과 별반 차이가 없지 않았을까? 다음으로 유생이 어미 곁에 머물며 젖을 먹었다 해도 한 번에 겨우 2밀리그램밖에 나오지 않는 젖으로 생존경쟁에서 우위를 차지할 수 있었을까? 또한 젖을 좀 더 먹었다고 천적이나 배고픔 앞에서 과연 살아남을 수 있었을까? 다윈의 견해로는 생존경쟁에서 우위를 차지하려면 반드시 새로운 특징을 지녀야 하지 않는가?

가자미의 눈

생물학자들은 '점진적 진화'가 다윈의 이론에서 심각한 오류라는 점을 합리적으로 지적했다. 또 한 가지 재미있는 예는 가자미의 눈이다. 바다 밑바닥에 납작하게 엎드려 생활하는 가자미는 다른 물고기와 달리 눈이 양쪽이 아니라 한쪽에 몰려 있다. 가자미의 눈이 이렇게 변하지 않았다면 한쪽 눈은 밑에 눌려 아무 기능도 하지 못했을 것이다. 양쪽 눈이 납작하게 엎드린 머리 위쪽에 자리하면서 생존경쟁에도 도움이 되었다.

그런데 다윈의 책을 읽은 사람들은 원래 양쪽에 하나씩 있던 가자미의 눈이 어떻게 한쪽으로 이동했는지 의심을 품기 시작했다. 이들은 다윈의 말처럼 변화가 여러 세대를 거쳐 서서히 진행되는 것이라면 가자미가 변화하기 시작했을 때 그 변화는 경쟁 우위를 차지하지 못했을 뿐 아니라 매우 불리한 요소로 작용했을 것이라고 보았다. 눈이 조금씩 한쪽으로 이동하면서 시력은 더욱 나빠졌을 것이고, 한쪽 눈이 왜곡된 물고기는 눈이 양쪽에 달린 물고기에 비해 도태되기 쉽지 않았을까? 그렇다면 가자미는 지금과 같은 모습으로 진화하지 못했을 것이다. 한쪽 눈이 위로 이동하면서 여러 가지 불리한 요소가 나타났는데 어떻게 이런 특징을 후손에게 물려줄 수 있단 말인가?

이런 의심에 대해 다윈은 핵심을 피하고 전혀 다른 문제를 얘기하며 얼버무렸다. 머리가 비상한 그는 금붕어의 입을 예로 들어 비평가들에게 설명했다. 그는 우리가 목격하는 모든 생물의 변화에는 서로 다른 등급이 있으며, 이 안에서 서로 다른 환경에 어울리는 우세가 생겨난다고 말했다. 금붕어를 보면 물이 입으로 들어갔다가 다시 아가미로 배출되는데, 이 과정에서 금붕어는 아가미가 체처럼 걸러 낸 물속의 작은 생물을 잡아먹는다. 물론 금붕어는 단번에 이 기제를 가진 것이 아니라 각 단계별로 우위를 가지면서 서서히 진화했다.

현재 우리는 금붕어가 물 여과 기능을 가지게 된 방대한 과정을 재건할 수 없을지도 모른다. 그러나 주위에서 흔히 보는 오리나 거위에게도 금붕어와는 다르지만 물 여과 기능이 있다. 이를 통해 금붕어의 입이 서서히 한 단계씩 진화해 좀 더 다양한 물 여과 기능을 가지고 경쟁에서 우위를 차지함으로써 마침내 아가미가 이처럼 정교하게 진화했다고 추론할 수 있다. 점진적 진화는 이로써 근거를 얻게 되는 것이다.

다윈의 대답은 사실 그가 기록한 다른 학자의 의문을 완전히 해결해 주지 못했다. 그는 미세한 변화가 우세를 점유하게 된 예를 선택했을 뿐, 우세를 점유하지 못하는 상황에 대해서는 교묘히 회피했다. 그래서 핵심을 피하고 다른 문제를 얘기했다고 말한 것이다.

이 밖에도 그는 자연선택을 현명하게 활용하기 위해 7장에 '성장 법칙'이라는 새로운 개념을 추가했다. 사람들이 가자미에 대한 질문을 던지자 그는 특별히 이를 성장 법칙으로 설명했다. 그는 막 부화했을 때는 눈이 양쪽에 있다가 성장 과정에서 눈이 한쪽으로 이동하는 가자미를 찾아냈다. 그가 이 사례를 든 이유는 자연선택이 아닌 성장 법칙에 의해 변화가 일어날 수 있음을 설명하기 위해서였다. 이는 곧 개체의 변화가 동일한 세대에 완성됨을 뜻한다. 다시 말해 가자미가 자연선택에서 실제로 축적한 진화는 눈의 위치가 아니라 성장 과정에서 눈이 이동하는 변화라는 것이다.

이 차이가 쉽게 이해되는가? 즉 다윈은 가자미의 진화 과정에서 눈의 위치가 어떻게 조금씩 변화했는지에 중점을 두지 말라고 말한다. 예를 들어 최초의 가자미는 원래 눈이 양쪽에 있었지만 몸을 한쪽으로 눕히면서 아래쪽 눈이 위로 올라오도록 끊임없이 노력했고, 그리하여 가능한 한 양쪽 눈을 모두 사용할 수 있도록 눈언저리가 넓어졌다는 점에 주목하라는 것이다. 따라서 최초의 가자미부터 양쪽 눈이 한곳에 모인 것이 아니라 눈언저리가 넓어지면서 눈이 서서히 이동한 것이다. 이렇게 대를 이어갈수록 눈언저리가 더욱 넓어지고 눈의 이동 범위도 점점 확대됨에 따라 가자미는 사실상 눈이 왜곡되는 현상을 겪지 않았다. 선대 가자미가 가진 눈의 이동이라는 생존 우위가 서서히 그리고 끊임없이 축적되고 확대되어 일정 수준에 이르렀을 때 비로소 눈의 위치가 바뀌었다. 결론적으로 진정한 진화는 눈의 위치 변화가 아니라 '눈 이동의 자유도'이다.

정말 똑똑하지 않은가! 이 사례를 들어 설명하자 적어도 가자미에 대해서는 모두 잠시 입을 다물 수밖에 없었다. 그러나 이 얘기를 들으면 다윈이 해답을 제시한 것처럼 보이지만 이는 사실 특정 개체에 대한 설명일 뿐 여전히 일반화의 문제가 남아 있었다.

다윈은 모든 진화가 미세하고 사소한 변화에서 시작된다고 했지만 어떻게 이런 변화가 훗날 진화에서 우위를 차지할지 예견할 수 있단 말인가? 또 처음에 나타난 사소한 변화는 분명 진화에서 우세한 특징을 보이기 어려운데 왜 유전되어 쌓이고 확대되는 것일까? 많은 생물학자들이 계속해서 이 문제를 파고들다가 20세기에 이르러 마침내 돌연변이설이 등장하면서 다윈의 점진적 진화를 대체하게 되었다. 돌연변이설은 변화와 유전을 설명하는 데 점진적 진화보다 설득력을 얻으면서 어떤 변화가 진화 과정에서 우위를 차지하는지에 대한 해석에 절대 없어서는 안 될 이론으로 자리 잡았다.

기린의 우세와 열세

다윈의 이론에 대한 두 번째 의문은 개체나 종의 변화가 개별적인 현상이 아니라 연동 관계를 가지고 있다는 점이다. 예를 들어 사람의 손가락이 길어지거나 짧아지면 이 변화가 단순히 여기에 그치는 것이 아니라 손과 손바닥의 골격 구조는 물론 팔뚝과 몸 전체에도 영향을 미치게 된다. 다시 말해 생물 개체의 각 부분은 서로 연결되어 있어서 한쪽에서 변화가 발생하면 다른 쪽에도 반드시 변화가 일어나게 된다. 이에 사람들이 다윈에게 물었다. "어떤 변화가 발생했을 때, 어떤 부분은 진화에서 우세를 보이는 데 반해 이와 관련된 다른 부분의 변화가 상대적으로 열세에 처하는 이유는 무엇인가?"

사람들은 기린을 예로 들며 기린의 목이 길어진 변화만 봐서는 안 된다고 말했다. 목이 길어져서 더 높은 나무의 잎을 따 먹기는 수월해졌지만 이 때문에 치른 대가는 과연 없는 것일까? 일단 기린은 긴 목을 지탱하기 위해 몸집도 함께 커졌다. 동물원에 가서 사슴과 기린의 체형을 비교해 보면 금방 알 수 있다. 기린은 키가 3미터에 달하고 전체 골격도 더욱 발달했다. 초원에 사는 동물인 기린은 길어진 목으로 생존 우세를 얻어 비교적 많은 나뭇잎을 따 먹을 수 있게 됨과 동시에 몸집이 커지고 행동이 느려졌다.

다윈의 책에서는 언급하고 있지 않지만 기린을 관찰해 보면 아주 심각한 진화의 열세를 금방 발견할 수 있다. 기린은 목이 너무 길다 보니 고개를 쉽게 숙이지 못한다. 그래서 물을 마시기가 굉장히 어렵다. 기린이 물 마시는 장면을 본 적이 있는가? 기린도 물을 마시지 않고는 살 수 없다 보니 두 앞발을 서로 교차하여 힘겹게 무릎을 꿇은 다음 길고 곧은 목을 숙여 물을 마신다. 이때가 바로 기린에게는 가장 위험한 순간이다. 포식자를 만났을 때 즉시 일어서기가 어렵고, 설사 일어나더라도 몸집이 너무 커서 재빨리 도망가지 못한다. 초원에 널린 포식자에게 크고 육중하고 굼뜬 초식동물이 야말로 정말 좋은 먹잇감이 아니겠는가?

진화의 우세에만 집중한다면 기린은 목이 길어져 현재의 종으로 살아남을 수 있었다는 결론을 얻을 수 있다. 그러나 관점을 바꿔서 긴 목이 가져다준 열세에 초점을 맞춘다면, 목이 그렇게 길지 않았다면 살아가거나 번식하는 데 더 유리했을 것이라는 완전히 다른 결론에 이른다. 상상 속의 우세가 이와 관련된 변화로 나타난 열세와 상쇄되지 않는다고 어떻게 확신할 수 있겠는가? 이 또한 당시 보편적으로 제기된 의문 중 하나였다.

2

진화론은 동어 반복인가

훗날 생물학계는 진화론을 꾸준히 연구하는 과정에서 이것이 혹시 논리학에서 말하는 '동어 반복'은 아닐까 하는 딜레마에 빠졌다. 무엇이 동어 반복일까? 예컨대 우리가 어떤 사회를 관찰한 후 '이 사회에서 아주 젊은 나이에 결혼하는 사람은 결혼할 때의 평균 연령이 상당히 낮다'라고 결론을 내렸다고 가정하자. 아주 젊은 나이에 결혼하는 사람이 있다고 미리 정의를 하고 아주 젊은 사람, 그러니까 스무 살 전에 결혼한 사람을 찾아가면 그들의 결혼 시기의 평균 연령은 18세 전후로 계산이 나온다. 그리고 그 결론을 가지고, '전체 사회에서는 30세에 이르러서야 결혼을 하는데 이 무리의 사람들은 18세 전후로 결혼을 한다'라고 말한다. 이것이 동어 반복이다. 결론이 이미 전제에 포함되어 있어서 논증이 절대 틀릴 리 없지만 논증 과정 역시 결론의 범주를 벗어나지 못한다.

진화생물학 또한 하나의 거대한 동어 반복이 아닐까? 진화생물학의 전제, 즉 그 연구의 출발점은 존재하는 종이 왜 존재하는지에 대해 설명하는 것이다. 다윈은 생물의 성장 형태는 환경에 적응했기 때문에 생겨난 것이며, 환경에 적응해야만 생존해 나갈 수 있다고 말했다. 여기서 전제와 결론이 일치하는 지점은 지금까지 살아남은 생물은 틀림없이 환경에 적응했다는 것이다. 이것이야말로 동어 반복이 아닌가?

우리가 아무런 선입견도 가지지 않고 괴상하게 생긴 기린이 자연선택의 이치에 따라 생존할 수 있을지 판단해 본다면, 짐작건대 기린의 목이 너무 길고 몸집이 너무 커서 빠른 시간 안에 멸종한다는 반응을 보일지도 모른다. 그러나 진화라는 안경을 끼고 기린을 바라보면 목이 아주 길어서 오늘날까지 번식해 살아남았다고 여기고, 이어서 긴 목이 마땅히 진화에 우세가 있다고 생각할 것이다. 하지만 이 우세는 우리가 먼저 답안을 가정하고 억지로 도출해 낸 결론일지 모른다. 어떻게 이 우세가 진정으로 자연계에서 발생한 인과관계라고 확신할 수 있는가?

다른 예를 살펴보면, 판다는 매우 허약한 동물이어서 인간의 개입이 없었다면 벌써 멸종하고도 남았을 것이다. 어떤 이는 생태계 보호란 저절로 운행하는 자연에 인간이 끼어드는 꼴과 마찬가지라고 주장했다. 이 말대로 판다를 자연에 그냥 맡겨 버리면 저절로 멸종하지 않을까 예상할 수 있다. 그러나 진화론의 안경을 쓰고 판다를 보면 전혀 다른 결론이 나온다. 인간이 최초로 판다를 발견할 때 가장 먼저 보이는 반응은 이 동물이 존재하는 이유는 틀림없이 진화에서 어떤 우세를 점했기 때문이라고 생각하는 것이다.

그러나 상황이 바뀌어서 지금 판다가 발견되지 않고 300년쯤 지나서 멸종된 후 유적에서 이 동물을 발견한다면 우리의 질문은 완전히 바뀌어 버린다. "이 동물은 진화에서 대체 어디가 열세였던 것일까?" 완전히 같은 종이라 하더라도 관건은 오직 발견된 시점에 있다. 이에 따라 이 종에 대한 묘사 방법이나 진화 분석은 천양지차가 나게 된다.

진화를 논할 때는 항상 미리 설정한 문제의 제한을 받기 마련이다. 설정한 문제는 우리가 찾아내는 답안을 결정한다. 기린의 목이 우세인지 열세인지 어떻게 알 수 있는가? 이 질문에 대해 다윈은 자신이 가진 입장을 고수했으므로 당연히 우세라고 말했다. 기린은 목이 길고 몸집이 커서 다른 동물들에게 쉽게 잡아먹히지 않았고, 또 긴 목으로 아주 멀리 볼 수 있기 때문에 초원의 맹수가 접근하는 것을 금방 알아차릴 수 있다.

다윈의 이런 해명을 들으면 그가 꼭 진화론을, 존재하는 모든 것은 우세가 있고 합리적이라는 사고방식으로 인도하려는 것은 아닌지 하는 우려가 든다. 그렇다면 우리가 진화론이라는 학문에서 얻는 것은 어쩌면 물체나 현상이 어떻게 발생했는지에 대한 진지한 해석이 아니라 단지 눈에 보이는 현상을 그림으로 보고 글로 이해하는 것뿐인지도 모른다.

이에 따라 진화론은 100여 년 동안 또 다른 도전을 받게 되었다. 진화론이 근거 있는 과학적 추론이라면 미래 생물의 발전과 변화 방향을 정확히 예측할 수 있어야 하는 것 아닌가? 물론 우리는 진화론으로 이를 절대 증명할 수 없음을 알고 있다. 이 도전에 직면해 진화론은 수많은 조정을 거치고, 과거 100여 년 동안 여러 가지 재미있는 연구를 진행해야만 했다.

새끼 뻐꾸기의 시행착오

다윈은 『종의 기원』 3장에서 또 다른 중대한 도전에 직면했지만 무난하게 대처하는 여유를 보였다. 그 도전은 바로 장기간 끊임없이 축적된 미세한 종의 변화가 대부분 우연에서 비롯되었다는 다윈의 견해에 대한 반박이었다. 이 문제는 과학적인 판단 혹은 과학과 비과학의 구분과 관련되어 있다.

과학과 비과학의 구분은 18~19세기에 매우 중요한 문제로 대두되었고, 과학은 시행착오라는 비효율적인 과정을 줄여 주고 법칙과 규칙을 예견하게 해 준다고 여겨졌다. 우리는 지구가 둥글다는 사실을 알기 때문에 동쪽으로 계속 걸어가 마지막에 원점으로 되돌아오는 실험을 굳이 할 필요가 없다. 반면 비과학적인 시행착오는 무슨 일이 발생할지 모르는 상황에서 일단 시험해 보는 것이다.

과학적인 각도에서 볼 때 다윈이 정리한 대부분의 진화는 생물이 셀 수 없이 많은 시행착오를 겪으면서 자기에게 어울리는 방법을 찾은 것이라고 해석할 수 있다. 종은 수시로 변화하고, 각각의 변화는 환경과 밀접한 관련이 있다. 손가락이 조금 길어지고 귀가 약간 짧아진 것도 환경의 시련에 적응하며 생긴 결과이다. 1만 가지 변화 중에서 9,999가지가 쓸모가 없고 오직 한 가지만 유용하다면, 바로 이 유용한 변화가 남게 된다. 이어서 유용하고 우세를 가진 이 변화를 기초로 다시 1천 번의 변화가 일어나고, 그중에서 999가지가 쓸모없다면 나머지 하나의 변화만이 지속성을 가지게 된다. 이것이 다윈의 논리다.

이와는 전혀 다른 견해와 태도를 가진 사람들은 시행착오를 주장한 다윈의 진화 방식에 의문을 제기했다. 세상에서는 우연의 일치로 보기 어려운 현상, 혹은 중간에 우주적인 지혜가 개입하거나 미리 설계한 것처럼 딱딱 들어맞는 일이 너무 자주 일어나지 않는가? 이에 대해 다윈은 『종의 기원』 8장에서 유명한 뻐꾸기의 예를 들어 설명했다.

뻐꾸기는 알을 다른 새 둥지 안에 낳는데, 막 부화한 새끼 뻐꾸기는 눈도 완전히 뜨지 않은 상태에서 누가 가르쳐 주지 않았는데도 알아서 둥지의 다른 알을 모두 밖으로 밀어 버린다. 이 행동은 매우 중요하다. 그래야만 어미 새가 물어 온 먹이를 독차지할 수 있기 때문이다. 그런데 새끼 뻐꾸기의 이런 본능은 우연일까, 치밀한 계획일까?

만약 이 행동이 학습을 통해 얻은 것이라면 그나마 이해할 수 있다. 그러나 새끼 뻐꾸기는 결코 이를 배운 적이 없다. 어떻게 새끼 뻐꾸기는 자기가 다른 새 둥지에서 태어났다는 것과 눈도 채 뜨지 않은 상태에서 옆에 알이 있다는 것을 알아 몸을 움직여 다른 알들을 밀쳐 내는 것일까? 우연이라고 하기에는 너무 신기하지 않은가? 다윈의 시행착오대로라면 어떤 종이든 여러 차례 변화를 거쳐야 비로소 자기에게 딱 맞는 요소와 시간, 환경 등을 찾을 터인데, 어떻게 모든 요소들이 결합하여 새끼 뻐꾸기로 하여금 이런 행동을 통해 자기를 보호하고 번식해 나가도록 하는 것일까?

이에 대해 다윈은 이렇게 해석했다. 이제 막 알을 깨고 나온 새끼 뻐꾸기의 행동은 무의식적일 가능성이 매우 높다. 그러나 다른 알을 밀어냄으로써 생존할 확률이 높아지고 자손을 많이 번식함에 따라 나중에 태어난 자손들에게 이런 습성이 유전되는 것이다.

이 새가 이따금 다른 새 둥지에 알을 낳는 습성을 지녔다고 가정해 보자. 만약 이 옛날의 새가 빨리 이동할 수 있다거나 또는 뭔가 다른 이유 때문에 얻는 이익이 있다면, 또 만일 그 새끼가 나이가 다른 새끼와 알을 함께 거느리느라 장애를 피하기 어려운 자기 어미의 손에서 자라는 것보다 다른 종의 본능을 이용하여 더욱 잘 자랄 수 있다면, 그러한 습성은 옛날의 새와 양자로 간 새끼 모두에게 유리할 것이 틀림

없다. 그리고 이렇게 자란 새끼는 유전을 통해 그 어미에게 나타난 비정상적인 습성을 좇는 경향을 나타내어, 자신도 다른 새 둥지 안에 알을 낳고 새끼를 키우는 데 성공하게 되는 것이다.

—『종의 기원』 8장

이는 꽤 설득력 있는 해석이라고 할 수 있다. 그러나 새끼 뻐꾸기의 본능에 이어 또 다른 본능을 이야기하면서, 다윈은 상당히 많은 분량을 할애하고도 뻐꾸기의 본능만큼 자유자재로 의견을 펼치지 못하고 오히려 큰 불안감을 드러냈다. 다윈이 처리해야 했던 시행착오에 대한 두 번째 의문은 다음과 같다. 어떤 생물은 본능에 의해 완벽한 것을 만들어 내는데, 만약 이것이 어떤 지혜의 개입도 없는 시행착오의 결과라면 당연히 결점투성이에다 어설픈 점이 많아야 하지 않느냐는 것이다.

완전무결한 벌집

그 사례가 꿀벌의 벌집이다. 그래서 꿀벌이 짓는 완전무결한 벌집은 창조론자들이 조물주가 없다면 그토록 완벽한 형태가 나올 수 없다고 주장하는 주요 논거로 사용된다. 각각의 꿀벌은 오직 본능에만 의지해 함께 모였으면서도, 가장 똑똑한 수학자들이 이렇게 완벽한 구조를 이루는 것은 절대 불가능하다고 감탄하고 최고의 기술자조차 흉내 내기 어렵다는 벌집을 만들어 낸다. 그런 까닭에 틀림없이 조물주가 존재해야만 꿀벌이 이를 완성할 수 있다는 것이다. 다윈은 반드시 이 문제에 대한 해답을 제시해야 했다.

이 도전에 직면한 그는 꿀벌이 어떤 방식으로 완전무결한 벌집을 만들어 내는지 증명하지 않았다. 오히려 그는 전략을 바꿔 사람들이 말하는 것처럼 벌집이 그렇게 완벽하지 않다고 주장하며 설득에 나섰다. 이것이 다윈의 똑똑한 점이다. 그는 사람들이 인정한 완벽한 벌집이 거짓된 논증이라고 공격했다. 벌집은 그렇게 완벽하지 않으며, 짓기도 그리 어렵지 않다!

그는 7~8쪽에 달하는 많은 분량을 할애해 다방면으로 자료나 증거를 인용하고, 심지어 원주율까지 언급하며 개개의 꿀벌이 지은 벌집이 차곡차곡 쌓였을 때 아주 자연스럽게 이런 형태가 나타난다고 증명하려 애썼다. 이는 시행착오 범위 내에서 해석이 가능하고, 또 뻐꾸기의 사례처럼 우연의 일치로 해석할 필요도 없었다.

그러나 이는 그렇게 쉽게 해결될 수 있는 문제가 아니었다. 만약 쉽게 해결이 가능했다면 그가 그렇게 심혈을 기울였을 리 만무하다. 다윈의 전략은 이러했다. 이 '본능' 장에서 먼저 쉽게 해석할 수 있는 것을 해결하고, 많은 노력이 필요한 것을 설명했다. 그리고 마지막으로 해석할 능력이 미치지 않는 것은 감추고 건드리지 않았다. 이것이 다윈이 화제를 교묘하게 옮긴 이유다.

3

어떻게 이타적 행위를 설명할 것인가

 이 문제를 회피한 다윈은 또 다른 특이한 본능에 대해서는 아무런 답변도 하지 않았다. 그러나 후대의 생물학자들은 건드리기 쉽지 않은 이 문제에 대해 꼬박 1세기 동안 해답을 하나하나씩 제시하고, 그 과정에서 종종 좌절을 겪기도 했다. 긴 시간이 흐르면서 이는 진화론의 최대 약점으로 간주됐다. 도대체 어떤 본능이기에 진화론 또는 다윈의 자연선택설로 설명할 방법이 없었던 것인가?

 그것은 어떤 종의 개체가 가진 자기희생 본능이다. 후대 생물학의 명제를 빌리자면, 어떻게 이타주의를 진화로써 해석하고 설명하느냐가 된다. 다시 말해 이 개체의 가장 큰 특징은 다른 개체를 돕기 위해, 특히 다른 개체의 번식을 돕기 위해 존재한다는 것이다. 다윈은 당연히 이 문제에 봉착했다. 그러나 그는 이를 회피해 버렸다.

먼저 그는 개미와 진딧물의 관계를 설명하면서 이를 회피했다. 이 둘은 공생관계를 유지한다. 진딧물은 개미에게 단물을 제공하고, 개미는 그 보답으로 진딧물이 다른 곤충에게 잡아먹히지 않도록 보호해 준다. 그런데 여기서 알아야 할 중요한 사실은 이 둘의 관계보다 개미 왕국에서 절대 다수를 차지하는 일개미들에게 번식 능력이 없다는 점이다. 일개미들은 여왕개미가 알을 낳아 번식할 수 있도록 죽을 때까지 자기를 희생하고 봉사한다. 여기서 다윈의 이론과 모순점이 발생한다. 다윈은 종의 특성이 유전되는 이유가 진화 우세를 가지고 더 많은 후손을 번식하기 때문이라고 말했는데, 이타적이고 자기를 희생하는 개체는 자기 임무를 다한 후 사라져 버려서 이를 물려줄 방법이 없다. 다윈의 진화론대로라면 이타 행위와 희생은 설사 나타나더라도 그 세대에서 끝나야 옳지 않은가?

오스트레일리아의 두더지는 군집 생활을 하는데, 무리 중 한 마리가 독수리가 나타나는지 책임지고 망을 본다. 이들은 독수리가 나타나면 날카로운 소리를 질러 다른 두더지들이 도망가도록 시간을 벌어 준다. 그러나 이 두더지는 바깥에서 계속 소리를 내다 보니 독수리에게 금방 발각돼 희생되고 만다. 다윈의 진화론에 따라 이를 설명하면, 다른 모든 두더지와 비교해 봤을 때 이 두더지는 자기의 특성을 물려줄 기회가 거의 없어 이타 행위도 자기 세대에서 끝나게 된다. 따라서 다윈은 이타 행위가 후대로 유전되는 이유를 전혀 설명할 방법이 없었다.

수개미의 자기희생

다윈은 이 문제를 필사적으로 숨기기 위해 개미를 좀 더 과학적으로 설명하거나 일개미와 여왕개미의 신체 구조가 어떻게 다른지 등으로 독자들의 관심을 돌렸다. 그러나 아무리 열변을 토해도 결국 핵심이 되는 문제는 어떻게 봉사와 희생의 특징이 후대를 번식할 어떤 능력도 없는 일개미 같은 개체에게 대를 이어 그대로 나타나느냐는 것이다. 다윈의 논리대로라면 여왕개미가 낳은 모든 개체는 당연히 여왕개미와 같아야 정상인데, 외려 일개미가 태어나 여왕개미를 위해 봉사하는 이유는 무엇일까?

어떤 개체가 미미하지만 유용하게 변화된 구조를 갖추고 태어나 그 변화가 다시 자손에게 유전되고, 자손도 역시 변이하여 계속 선택된다. 그런데 일개미는 부모와 현저하게 다르고 더욱이 완전히 생식이 불가능한 곤충이다. 그렇기 때문에 획득된 구조 또는 본능의 변화가 자손에게 계속 유전되는 것은 불가능하다. 어떻게 하면 이런 상황을 자연선택설과 일치시킬 수 있는지는 당연히 문제가 된다.
—『종의 기원』 8장

생물학계에서는 오랜 시간에 걸쳐 이타 행위가 어떻게 형성되는지 해석하려고 무던히 노력했다. 그러다가 도킨스*와 윌슨**이 비로소 중대한 돌파구를 열었다. 윌슨은 개미 연구의 세계적인 권위자이므로, 그가 진화생물학의 새로운 장을 열었다는 데 그리 놀랄 필요는 없다. 진화론은 다윈으로부터 계속 발전해 오면서 여러 차례 견해가 수정되는 과정을 겪었다. 그중 도킨스와 윌슨은 진화의 단위가 종이 아니

---

* 리처드 도킨스(Richard Dawkins)는 저명한 진화론자로 옥스퍼드대학 교수이자 영국왕립학회 회원이다. 1941년생인 그는 1976년에 대표작인 『이기적 유전자』를 출간하여 유전자를 단위로 한 진화론을 제기했다. 그 밖의 중요한 저서로 『눈먼 시계공』, 『만들어진 신』 등이 있다.
** 에드워드 윌슨(Edward Wilson)은 저명한 생물학자이자 곤충학자로 하버드대학 교수이다. 1929년에 태어났으며, 일찍이 『타임』지에서 선정한 20세기 가장 영향력 있는 25인의 미국인에 이름을 올렸다.

라 유전자라고 주장했다. 사실 유전자의 관점으로 보면 일개미의 이타 행위를 쉽게 설명할 수 있다.

개미를 자세히 관찰한 19세기의 생물학자들은 일찌감치 일개미가 암컷이라고 단정했다. 학교에서도 아마 일개미가 암컷이라고 가르칠 것이다. 이는 물론 틀린 말은 아니지만 100퍼센트 정확한 것도 아니다. 일개미가 여왕개미나 수컷 개미와 가장 크게 다른 점은 성별 유전자가 하나밖에 없다는 사실이다. 암컷의 유전자는 X, 수컷의 유전자는 Y로, 여왕개미의 성별 유전자는 XX, 수컷 개미의 성별 유전자는 XY이다. 그런데 개미의 번식에서 가장 흥미로운 점은 일개미의 무성생식이다. 일개미는 여왕개미가 낳은, 절반의 유전자를 가진 수정란만 있으면 성충이 될 수 있다. 일개미는 성별 유전자만 가지고 있을 뿐 분열을 하지 않으므로 당연히 생식이 불가능하다.

따라서 이타 행위의 번식이나 유전은 일개미가 아니라 이타 유전자에 의한 것이다. 종이나 개체 자체만 놓고서는 이 이치를 깨닫기 어렵고, 유전자의 관점으로 봐야만 이를 명확히 이해할 수 있다. 설사 개체가 사라진다 해도 유전자는 남아 대대로 유전된다. 두더지를 다시 예로 들어 설명하면, 이타 유전자를 가진 두더지는 그 자리에서 독수리에게 잡아먹히지만 그와 유사한 유전자를 가진 다른 두더지가 끊임없이 후손을 번식하여 이 특징이 절대 사라지지 않도록 한다.

이에 따라 많은 생물학자들이 점점 진화의 우세를 개체나 종이 아닌 유전자 단위로 인식하게 되었다. 이를 일컬어 '이기적 유전자'라고 부른다. 이기적인 유전자일수록 온갖 방법으로 자기를 끊임없이 분열하고 복제하여 유전된다. 개체의 관점에서 보면 자기를 희생해 망을 보는 두더지는 절대 자손을 남길 수 없다. 그러나 각도를 바꿔 유전자의 관점에서 보면 그 두더지와 동료 두더지는 절반의 같은 유전자를 가지고 있고, 둘 사이에서 태어난 다음 세대는 4분의 1의 유전자를 가지고 있으므로 자신을 희생하는 두더지도 번식을 통해 자기의 유전자를 보호하고 물려줄 수 있게 된다.

이 논리에 따르면 대자연에서 나타나는 이타 행위의 주요 원인도 쉽게 이해될 수 있다. 그러나 다윈이 살았던 시대에는 여기까지 생각이 미치지 못한 관계로 다윈은 줄곧 진화의 단위가 개체라고 믿었다. 여기에 생각이 얽매어 있었던 그로서는 특히 8장에서 개미에 대해 설명할 때 자꾸 주제를 피할 수밖에 없었던 것이다. 이타 행위를 이해하게 된 것은 우리가 다윈보다 똑똑해서가 아니라 생물학의 발전을 통해 더 많은 정보를 얻었기 때문이다.

개미의 진화는 어떤 한 개체의 진화가 아니라 전체 종의 진화다. 다시 말해 일개미라는 특정 개체의 진화는 아무 의미가 없으며, 차이가 분명한 일개미와 수컷 개미, 여왕개미 각각의 진화로도 이 세계에 왜 개미가 존재하는지, 그리고 개미가 왜 이런 방식으로 살아가는지 절대 설명할 수 없다. 우리가 종 전체를 관찰할 때는 항상 종과 종 내부의 단독 개체가 별개라는 사실을 명심해야 한다.

일부 진화는 반드시 종의 단계라는 측면에서 얘기해야만 비로소 의의를 가진다. 다윈이 범한 가장 큰 실수는 개미라는 개체를 설명할 때 여왕개미와 일개미의 차이를 명확하게 짚고 넘어가지 않았다는 점이다. 이는 훗날 20세기 생물학이 모든 종의 단계 및 속의 단계를 언급하는 데 중대한 돌파구가 되었다.

기린은 진화에서 매우 중요하게 취급되는 동물이므로 다시 한 번 기린의 예를 들어 보자. 기린의 목이 정말 진화 우세를 가졌다면, 똑같은 환경에 처해 있던 다른 모든 초식동물들은 왜 기린처럼 목이 길어지지 않았을까? 이는 두 가지 문제와 관련돼 있다. 첫째는 발생하지 않은 일을 어떻게 해석하느냐의 문제다. 일부 동물에게서 나타난 특징은 매우 뚜렷하여 얼핏 봐도 진화에 아주 유리하다는 것을 알겠는데, 왜 다른 동물에게서는 이와 똑같은 특징이 발견되지 않은 것일까?

4

생태계와 진화 단위

 다음으로 다윈은 환경에 가장 잘 적응하는 종이 생존 능력이나 번식력도 가장 뛰어나다고 말했으니, 환경이 일정하다면 그 안에서 살아가는 생물은 서로 닮아 가야 정상이 아닐까? 만약 긴 목이 큰 이점을 지녔다면 초원에 사는 모든 초식동물들은 시간이 지날수록 당연히 목이 길어져야 하는데, 현재까지도 목이 긴 동물과 짧은 동물이 혼재한 것을 보면 과연 진화라고 할 수 있을까?

 같은 환경에서 사는 생물이 서로 닮아 간다는 것은 창조론자와 다른 생물학자 간의 논쟁과도 관련이 있다. 생물이 어떤 특수한 단계에서 어느 방향으로 진화하는지에 대해 다원은 시간이 지날수록 자기가 처한 환경에 적응한다고 분명하게 밝혔다. 그러면서도 그는 환경에 적응하는 것이 대체 무엇을 의미하는지에 대해 우리에게 전혀 말해 주지 않았다.

여기에 1제곱킬로미터 정도 되는 작은 구역을 만들고, 그 안에 모든 종을 욱여넣어 생존 조건과 환경을 일정하게 고정시켰다고 가정해 보자. 그러면 분명히 이 고정된 생존 환경에 가장 잘 부합하는 뚜렷한 특징이 나타나게 될 것이다. 그러므로 우리는 이렇게 상상해 볼 수 있다. 이 실험 공간 안에서 외부 세계와 어떤 접촉도 없이 1만 세대, 2만 세대, 3만 세대가 지나면 이 공간의 종은 점점 줄고, 하등한 동물은 점점 도태될 것이며, 고등한 동물일수록 생존에서 우세를 남길 것이다. 그리하여 마침내 그 환경에 가장 완벽하게 적응한 종이 나타나 다른 모든 개체를 도태시켜 버리거나 다른 종도 조금씩 환경에 부합하는 그 특징을 띠게 되면서, 그 구역에는 단 하나의 종만이 남거나 소수의 몇 종만 남게 되지 않을까?

에드워드 윌슨의 수개미 연구

이는 매우 재미있는 상상이 아닐까? 하지만 다윈은 종

의 진화 방향에 대해서도 언급을 회피했다. 당시의 생물학 지식으로는 이 문제에 대답은커녕 이를 생각하기조차 어려웠다. 그러나 우리는 지금까지 축적한 지식을 바탕으로 다윈이 미처 깨닫지 못한 이치를 알아냈다. 생물의 생존 환경에서 가장 중요한 것은 생물과 생물 사이의 관계이며, 종 하나하나가 단독으로 존재할 수 없다는 점이다. 생물의 존재는 얽히고설킨 먹이사슬로 연결돼 있다. 먹이사슬은 생태계라고도 부른다.

방금 전 실험에서는 결코 우리가 상상한 결과가 나타나지 않는다. 왜냐하면 생물은 어떤 환경 속에서도 기존과 다른 생태계를 만들어 내기 때문이다. 따라서 환경에 대한 생물의 적응 여부를 이야기할 때, 그 '환경'에는 절대적인 기준이 없다. 어떤 생물에게 발생한 변화가 그 생물이 생존하는 환경에서 우세를 보일지의 여부는 그 생물이 처한 환경 생태계의 위치에 따라 결정된다.

20세기에 생물학계에서는 오늘날까지도 주류로 인정받는 한 가지 의견을 제시했다. 그것은 생물 체계의 설계나 운행 기제가 결코 한 방향으로 나아가는 것이 아니라 기본적으로 다원화되었다는 점이다. 이 관점에 대해 가장 잘 설명하고, 심지어 이를 신앙이나 진리로 여기고 널리 알린 이가 에드워드 윌슨이다.

그의 저서 가운데 『개미 세계 여행』*은 난해하기로 정평이 나 있다. 하버드대학 생물학 교수인 그의 연구실에 들어가면 커다란 유리 기둥이 놓여 있는데, 그 안에는 개미들이 완벽한 개미굴을 짓고 분주히 움직이며 살아간다. 이처럼 그는 평생 개미 연구에 몰두하여 새로운 돌파구를 연 데 이어, 전 세계를 풍미한 '사회생물학'이라는 새로운 학문을 제창했다.

그는 유전자와 생물의 진화 및 생물진화학의 원리를 통해 사회 행위를 해석할 수 있다고 여겼다. 개미 역시 인간처럼 사회를 이루고 사는 생물이다. 그가 쓴 『사회생물학』에서는 대부분 개미, 새, 두더지 등 사회적 동물이 언급되며, 마지막 장에 가서야 인간이 등장한다. 이 장은 분량이 적고 내용이 간략함에도 불구하고 학계에 커다란 논쟁을 불러일으켰다. 훗날 그는 이런 논쟁을 성찰하고 정리한 『인간 본성에 대하여』라는 책을 출간했다. 그는 최근 들어 모든 정력을 '생물 다원성' 연구에 쏟고 있다. 그의 저서는 생태계에 대한 명확한 개념을 이해하는 데 큰 도움이 된다.

당시 다윈은 종의 선택과 자연선택에 대해 명확한 기준과 답안을 제시하지 못했다. 자연선택은 동태적인 생태계 안

---

* 이 책은 윌슨이 독일의 생물학자인 베르트 횔도블러(Bert Höll-dobler)와 함께 지은 것으로, 1991년에 퓰리처상을 수상했다.

에서 진행된다. 이런 동태적인 환경 속에서 종과 종이 어떤 관계를 가지는지 분명히 알아야만 종이 자연선택 아래서 유리하게 변하는지 또는 불리하게 변하는지 판단할 수 있다. 이는 실제로 매우 중요한 개념이다.

사회 다윈주의가 아닌 정통 다윈주의로 되돌아간다면 인간의 행동을 이해하는 데 자연선택 이론이 얼마나 도움이 될까? 다윈은 자연선택설과 인간의 행동 사이에 어떤 관련이 있다고 단 한 번도 언급한 적이 없다. 그는 다만 인간의 기원을 해석했을 뿐이다. 그러나 그는 인간이 이런 진화의 양상에서 어떤 역할을 했는지 궁금해한 후대 생물학자들의 호기심을 막을 수 없었다.

진화 단위는 유전자다

지금까지 정리한 이 세 장을 통해 우리는 다윈의 방법론이 매우 우수하다는 점과 함께 문제점도 안고 있음을 분명히 알게 되었다. 다윈의 방법론이 가진 최대 장점은 종의 개체를 진화 단위로 삼았다는 데에 있다. 종의 개체에서 발생한 진화로 국한시킨다면 다윈의 설명은 그야말로 날카롭기 그지없다. 다윈은 실제로 존재하는 임의의 개체를 예로 들어서 이 개체의 현재 모습이나 기능으로부터 과거에 발생했음직한 일을 반추했다. 이로써 그는 단일 종 개체를 통해 진화의 역사를 돌이켜 보는 구조를 수립할 수 있었다.

그러나 역설적으로 이 방법론에는 치명적인 약점이 존재했다. 비록 그는 『종의 기원』 2장에서 "모든 관계에서 가장 중요한 것은 생물과 생물 사이의 관계"라고 말했지만, 그의 분석이 종 개체에 한정되는 바람에 실제로 그의 이 명언은 관철되지 못했다.

그는 종과 종 사이의 관계에서 일어나는 자연선택에 대해 매우 모호하면서도 수박 겉핥기식 태도를 보였다. 그는 단지 공생관계만을 언급했을 뿐이며, 광범하고 확장된 개념이나 좀 전에 말한 먹이사슬(생태계) 개념을 전혀 몰랐다. 이 개념을 통해 들여다보면 그가 목격한 생물의 관계가 너무 협소한 관계로 많은 곳에서 허점이 노출됐음을 금방 알 수 있다. 이는 동시에 복잡하고 다층적인 토론과 다각적이고 상호적인 이해를 거쳐야만 비로소 다윈의 원시 사상을 더욱 온전하게 할 수 있음을 상기시킨다.

도킨스나 윌슨이 진화 단위를 개체에서 유전자로 바꾼 것은 필연적인 수순이었다. 그들은 기본적으로 다윈이 분석한 개체의 단계적인 진화를 유전자로 해석할 수 있다고 여겼다. 그런데 굴드는 이 견해에 동의하지 않았다. 그는 유전자를 진화라는 거대한 체계의 한 단계로 보았을 뿐이다. 그의 평생 바람은 진화를 다층적인 이론으로 발전시켜 유전자, 종 개체, 개체 이상의 종이 각각 하나의 단계를 이루고, 종 위에 속 또는 더 큰 단위의 진화를 놓는 것이었다. 따라서 그의 이론은 다윈의 진화론을 보완하는 성격이 강했다.

모든 생물의 유전자가 네 가지 염기로 구성되었다는 점에서 인간과 다른 생물은 100퍼센트 유사한 셈이다. 물론 어떤 이는 인간의 유전자가 다른 동물과 90퍼센트 혹은 98퍼센트, 99퍼센트 유사하다고 강조하며 좀 더 세밀하게 따지지만, 생물학적으로 볼 때 이는 별 의미가 없다. 어쨌든 중점은 종과 종 사이의 유사도가 아니라 차이에 있기 때문이다.

외형적으로 아무리 차이가 나는 개체도 유전자 단계로 내려오면 수많은 공통된 기본 구조를 가지고 있다. 실제로 모든 인간의 게놈 지도는 99.99퍼센트가 완전히 똑같다. 그러나 우리가 명심해야 할 것은 유전학에서 다루는 문제가 백분율의 숫자놀음이 아니라 유전자의 차이가 어떻게 드러나느냐에 관한 것이라는 점이다. 즉 차이의 양보다는 질에 중점을 두고 있다는 말이다.

곤충의 예를 들면 호랑나비와 노래기의 유전자는 95퍼

센트 이상이 완벽히 똑같다. 그러나 이 두 곤충을 구별해 내지 못할 사람은 없다. 따라서 중점은 유전자 진화 연구에 있으며, 아직까지는 생물의 외재적 특징에 따라 나누는 분류학과 대조할 명확한 패턴을 발견하지 못했다. 다윈은 『종의 기원』 6장과 7장에서 스스로 터무니없다고 느낀 일을 기록했다. 일부 분류학자들이 종의 분류와 귀속을 결정하는 특징에 가장 관심을 기울이지만, 실제로 그 특징은 그 생물에게서 아무 기능도 하지 못한다는 점이었다. 이는 결국 외형적으로 보이는 현상과 유전자의 표출이 별개일 가능성이 매우 높다는 말이 된다.

유전자 배열 순서에 따라 종의 분류학을 새롭게 수립하는 것은 현재 유전자 생물학의 최대 과제이다. 극도로 어려운 이 도전 가운데서도 최대 난점은 모든 종의 유전자 순서를 정하는 것이 대형 프로젝트라는 점이다. 각 종의 유전자 순서를 정해야만 비로소 '배열'이 가능하다. 많은 천재 유전 생물학자들이 여러 가지 가설을 제기했지만 현재까지는 기존의 분류학을 대체할 획기적인 방안이 나오지 않았다. 만약 유전자 구성과 진화를 정복하는 때가 오면 인간이 분류학적으로 개와 훨씬 더 가깝고 원숭이와는 오히려 더 멀다는 사실을 발견하게 될지도 모른다. 이는 물론 황당한 가정이지만 현재 이 학문이 발전 중에 있으니 결과를 좀 더 지켜보기로 하자.

『인간의 유래와 성선택』

지금까지 우리는 여러 가지 사료를 통해 다윈의 성격이 매우 신중하고 소심하다는 것을 알게 되었다. 그는 처음부터 논쟁의 여지가 많은 인간과 관련된 문제를 『종의 기원』에서 언급하지 않았다. 이 부분이 교회의 권위 및 창조론자와 가장 큰 충돌 지점에 있기 때문이다. 만약 인간마저 하느님이 창조한 것이 아니라 종의 진화 과정에서 자연선택이나 성선택을 거쳐 지금의 모습이 된 것이라고 한다면, 당시 창조론자들과 교회의 집중 포화를 받을 것이 뻔했다. 그래서 다윈은 『종의 기원』이 영국 사회는 물론 전 유럽 사회에 어느 정도 영향력이 미칠 때까지 기다렸다가 『인간의 유래와 성선택』이라는 저작을 발표했다.

그는 이 책을 쓸 당시에 이미 "인간의 신비에 대해 우리가 이해할 수 없는 부분은 여전히 매우 많다. 그러나 먼 미래에는 진화나 자연선택을 통해 인간이 인간이 된 이유 및 인간이 지금의 모습을 갖춘 이유에 대해 더 깊이 이해할 기회가 올지 모른다"라고 말했다. 물론 나는 다윈이 말한 '먼 미래'가 언제인지 정확히 모르지만 인간이 발전시킨 각 학문의 추세로 볼 때 이 분야의 발전은 상대적으로 더딘 편이다. 따라서 '멀다'는 것은 꽤 먼 미래를 가리킨다. 이후 100년이라는 시간이 지나서야 인류는 마침내 이 분야를 비교적 자유자재로 운용할 수 있게 되었다.

인류 문화와 종의 진화

1

창조론자의 반격

　　대략 1950년대 후반부터 지금까지 반세기의 시간을 거쳐 인류는 이 주제에 대해 비교적 구체적인 성과를 거두었다. 이 시기의 연구 성과를 종합 정리하면 이렇다. 우리가 진화론을 통해 인류를 관찰할 때 과연 무엇을 볼 수 있느냐다.

　　먼저 역사적인 면으로 살펴본다면, 현재에 이르러 다윈의 학설이 창조론에 완벽하게 승리했다고 말할 수 있을까? 최근에 나는 미국에서 교편을 잡은 옛 친구에게 이메일로 창조론자들이 진화론을 반박한 따끈따끈한 문헌들을 보내 달라고 부탁했다. 솔직히 말해 창조론자들은 여전히 존재하지만 그들의 창조력은 대부분 과거의 견해에 그대로 머물러 있을 정도로 문제가 많다.

그들은 하느님이 이 세계를 어떻게 창조했는지에 대해 어떤 새로운 견해도 없이 다윈주의가 그저 하나의 이론에 불과할 뿐 사실과 거리가 멀다고만 반복해서 강조하고 있다. 그들이 거론하는 사례는 다윈주의가 단지 미래의 상황을 예측할 수 있을 뿐이며 이미 발생한 일에 대한 다윈주의의 가설과 과정이 오늘날 나타난 결과와 어떤 필연적인 관계도 없다는 데에 대부분 집중돼 있다.

또한 그들은 수많은 증거를 들어 시행착오가 진화의 원동력이 되었다는 다윈의 견해에 의심을 품고 집중 공격을 가했다. 생물의 진화가 시행착오에 의한 것이라면 대체 시간이 얼마나 필요한가! 창조론자들이 즐겨 사용하는 예를 들어보자. 시행착오에만 의지해 인간이란 동물이 탄생할 확률은 원숭이가 컴퓨터 앞에 앉아 아무렇게 키보드를 두드려서 셰익스피어의 희극을 똑같이 베낄 확률과 같다.

글자를 전혀 모르는 원숭이에게 이것이 과연 가능한 일일까? 우리가 아무리 가능성을 후하게 준다 해도 그것이 실현될 확률이 제로에 가깝다는 사실에는 재고의 여지가 없다. 그런데도 창조론자들이 터무니없는 이 사례를 든 이유는 만약 더욱 고차원적이고 초월적인 설계가 없었다면 어떻게 이처럼 정교하면서도 고도의 지혜를 가진 인간이 생겨날 수 있었느냐는 점을 분명하게 드러내기 위해서이다.

오늘날 창조론자들은 학교에서 다윈을 가르치는 데 그리 격렬하게 반대하지 않는다. 그들의 요구는 다윈의 이론을 학생들에게 가르칠 때 『종의 기원』이 단지 하나의 학설이자 가설이라고 말해 달라는 것이다. 여기에 추가로 하느님이 이 세계를 창조했다는 창조론이 진화론과 동등한 위치에 자리하길 바라고 있다.

현재 창조론자들의 논점을 살펴보면 한 가지 매우 흥미로운 사실을 발견할 수 있다. 그들이 문화인류학을 대거 인용하고, 특히 문화의 중요성 및 다원성을 강조한다는 점이다. 그들은 문화 현상을 통해 다원주의에 질문을 던졌다. 인류는 복잡한 문화를 창조해 왔고 그 문화의 힘이 이렇게 큰데, 어떻게 이를 자연선택으로 해석할 수 있단 말인가?

창조론자들이 가장 반대하고 용인하지 못하는 것은 당연히 종교인 기독교조차 진화의 일환으로 간주하고 진화론으로 해석하려는 시도다. 일부 진화론자들은 종교가 인류 사회에서 이렇게 큰 영향력을 가지게 된 것은 바로 진화 우세를 갖추었기 때문이며, 그렇지 못했다면 종교는 일찌감치 도태되었을 것이라고 주장한다. 이는 창조론자 입장에서 보면 심각한 도전이나 다름없었다. 그래서 창조론자들은 이런 도전에 혼신의 노력을 다해 대항했다. 그들은 종교가 하느님이나 신의 계시에서 비롯되었음을 고수하는 한편, 문화론을 들어 진화론의 자연주의 입장을 반박하고 생물의 원리로는 결코 문화를 환원할 수 없다고 주장했다.

2

번식의 동기와 양육 투자

조상 공경과 번식의 동기

그렇다면 생물의 원리로 문화를 환원할 수 있다는 논리란 무엇일까? 청명절이 되면 사람들은 성묘를 하러 간다. 청명절의 기본 정신은 '조상 공경'으로, 그 바탕에는 사람이 세상을 떠난 후 제사를 지내는 것이 대단히 중요한 일이라는 믿음이 깔려 있다. 이것이 청명절 배경과 관련된 신앙이자 가설이다.

문화적 관점에서 본다면 이에 대한 다른 해석과 견해가 나올 수 있지만, 진화의 관점에서 보면 아주 간단한 방식으로 결론이 도출된다. 만약 인류의 진화 과정에서 두 가지 다른 유전 인자가 나타나 한쪽은 사후세계를 믿고 다른 한쪽은 이를 믿지 않는다고 가정해 보자. 그렇다면 이 두 부류의 사람이 후손을 번식하는 데 이 믿음은 각각 어떤 효과를 발휘할까?

사후 세계를 믿지 않는 사람은 그가 죽은 후 후손들이 그의 무덤에 향을 사르거나 성묘하는 데 크게 개의치 않을 것이라고 예상할 수 있다. 반대로 이를 믿는 사람은 사후에 아무도 조상 무덤에 향을 사르거나 성묘하러 오지 않을까를 크게 염려해 생전에 이에 대비한 행동을 취한다. 먼저 그는 세 가지 불효 가운데 후사를 잇지 못함을 가장 큰 불효로 여기고 자손을 많이 낳으려고 노력한다. 후손이 없으면 조상 무덤에 성묘할 사람이 완전히 사라지는 것이므로 동양 문화의 맥락에서 볼 때 이는 용서받을 수 없는 대죄다. 후사를 끊은 사람은 자신뿐만 아니라 모든 조상의 사후 공경에도 영향을 미치게 된다.

자기 사후의 안락함을 보장받고 조상이 맡긴 책임을 완수하기 위해 사람은 온갖 방법을 강구하여 아들을 낳으려 한다. 또 아들을 하나만 낳았다가 혹시 이 아들이 잘못돼 대가 끊기면 조상들이 나를 탓할 것이므로 만일의 사태에 대비하여 둘이든 셋이든 낳을 수 있는 만큼 아들을 낳는다. 다음으로는 아들을 낳는 데 그치지 않고 미래에 이 아들이 사후의 나와 조상들을 보살피는 데에 부족함이 없을 만큼 잘 자라도록 기르는 책임을 진다.

지금까지 한 말이 귀에 아주 거슬리겠지만 진화론의 관점에서 볼 때 조상 공경이 낳은 최대 효과는 번식의 동기를 높였다는 점이다. 이 일만 놓고 본다면 성묘의 중요성을 믿는 사람이 믿지 않는 사람보다 아이를 많이 낳을 더 큰 동기를 가지게 되므로, 번식이라는 측면에서 그의 후손은 성묘의 중요성을 믿지 않는 사람보다 우세를 띤다고 예상할 수 있다.

번식의 동기 외에 이와 관련된 또 한 가지 키워드는 '양육 투자'다. 적극적으로 아들을 낳는 데 그치는 것이 아니라 이 아들이 잘 자라도록 애지중지 키워 자신이 죽은 후 성묘의 책임을 성실히 수행하게 하는 것이다. 성묘와 유전이 관계가 있다면 당연히 내세를 믿고 아들이 이 책임을 다할 수 있다고 믿는 쪽이 진화에서 우세를 점한다. 따라서 이런 믿음을 가진 유전자가 더욱 크게 발휘돼 서서히 믿지 않는 사람을 도태시키게 된다. 이 두 부류가 대대로 경쟁하는 과정에서 믿음을 가진 쪽은 갈수록 왕성하게 번식하는 반면, 믿지 않는 쪽은 그다지 큰 동기를 가지지 않아 태어나는 아이가 비교적 적고 아이를 보살피는 데도 크게 신경 쓰지 않으므로 유전 인자도 점점 쇠퇴하게 된다.

이 사례는 인류 사회의 수많은 일들이 진화와 그리 멀리 떨어져 있지 않다는 사실을 일깨워 준다. 또한 진화론은 여러 방면에서 인간이 왜 오늘날 이런 모습으로 변했는지에 대해 해석하고 설명하는 데 도움을 준다.

양육 투자의 암수 차이

여기서는 양육 투자에 대해 좀 더 얘기해 보도록 하자. 양육 투자는 가장 기본적인 생물학 분류와 연관될 만큼 대단히 중요하다. 잠시 화제를 바꾸자면, 남자와 여자를 어떻게 구분하는지 모르는 사람은 없을 것이다. 또한 포유동물의 수컷과 암컷을 구분하는 방법 역시 큰 문제가 되지 않는다. 그렇다면 식물도 암수가 있다는 것은 알고 있을 텐데, 이 둘 사이에 상당히 큰 차이가 있다는 것도 알고 있는가? 어떤 사람은 식물의 암술이 여성과 정말 유사한 점이 있는지 궁금해할지도 모른다. 이런 의문들을 종합해 볼 때 생물학에서는 암컷에 대한 가장 기본적인 정의를 어떻게 내리고 있을까?

가장 쉽게 떠오르는 대답은 암컷은 임신을 한다는 점이다. 그렇다면 다시 임신의 정의를 알아볼 필요가 있다. 해마는 수컷이 알을 기른다고 알려진 동물이다. 수컷 해마는 새끼주머니에서 새끼 해마를 기르는데, 왜 다른 동물과 달리 새끼주머니가 수컷에게 있는 것일까? 혹시 해마의 짝짓기를 본 적이 있는가? 생물 교과서에는 암컷 해마가 난자를 수컷 해마의 새끼주머니에 뿌린다고 나와 있다. 이는 원래 수컷의 기능이다 보니 상식적으로 이해가 되지 않는다. 그렇다면 아예 방출하는 쪽을 수컷 해마라고 하고, 새끼를 낳는 쪽을 암컷 해마라고 하면 간단명료하지 않을까? 왜 생물학자들은 수컷 해마가 새끼를 기르는 것을 생물계의 특수한 현상이라고 말하며 일을 복잡하게 만드는 것일까?

수컷과 암컷은 대체 어떻게 구분하는 것일까? 해마의 예를 통해, 새끼를 낳고 기르는 것이 암컷의 정확한 정의가 아님을 알 수 있다. 그런데도 어떤 이는 정자가 여성 또는 암컷의 몸속에 들어가는 것이 불변의 진리라고 여길 것이다. 그러나 이 논리로는 정반대 현상이 일어나는 해마에 대해 설명할 길이 없다. 따라서 암컷과 수컷의 가장 근본적인 정의를 내리자면, 양성 생식에서 양성은 모두 세포를 제공하는데 그중 비교적 큰 세포를 제공하는 쪽이 암컷이고 비교적 작은 세포를 제공하는 쪽이 수컷이라는 것이다.

유성생식이 진화 과정에서 지닌 가장 큰 우세는 유전자가 서로 다른 개체를 생산해 낸다는 점이다. 반드시 양성 개체가 결합해야만 후대가 생겨나고 끊임없이 유전자 교환이 일어나며 개체의 서로 다른 유전자가 호환하여 종 개체가 어느 정도 유전자의 다원성을 가지도록 보장해 준다. 그래서 환경이 변하는 만일의 사태가 발생해도 종 전체가 멸망하는 참극을 피할 수 있다.

유성생식과 관련된 부모 세포는 두 가지 가능성을 가지고 있다. 하나는 생식에 기여하는 두 세포의 크기가 똑같다는 것인데, 이런 현상은 드물게 나타난다. 대개는 한쪽 세포가 크고 다른 한쪽은 작다. 생식에 기여하는 세포 중 큰 쪽을 암컷이라 부르고, 작은 쪽을 수컷이라고 부른다. 생식세포의 크기가 다른 것이 보편적인 현상이다.

세포의 크기가 다르다는 점을 토대로 양육 투자에 대한 논의를 좀 더 발전시켜 보자. 양육 투자에서 암컷과 수컷은 분명히 불평등한 관계에 있다. 암컷은 후손을 번식하기 위해 난자라는 비교적 큰 투자를 한다. 인간의 예를 들면, 남성이 정자 하나를 생산하는 데 드는 신체적 부담은 여성이 난자 하나를 생산하는 데 드는 부담의 100만 분의 일에 불과하다. 바꿔 말해 여성이 난자를 생산하기 위해 치르는 대가가 남성이 정자를 생산하는 것보다 적어도 100만 배 더 크다는 것이다.

개체의 다른 조건이 대체로 비슷한 상황에서 암컷은 평생 생식에 필요한 소량의 세포를 생산해 낼 뿐이다. 여성의 난자 수를 남성의 정자 수와 비교해 보면, 아까 말한 100만 배 차이는 어림없고 심지어 몇 억에서 몇십억 배의 차이가 나기도 한다.

암컷은 대체로 양육 투자에서 비교적 큰 대가를 치러야만 한다. 평생 동안 생식 기회를 많이 가질 수 없기 때문에 후손 하나하나를 키울 때마다 좀 더 신중하고 세심해진다. 다시 인간을 예로 들면, 여성의 난자는 태어날 때부터 난소에 모두 보관되어 있다. 그러다가 생식 기능이 생기면 갱년기가 찾아와 폐경이 될 때까지 매달 하나씩 난소 밖으로 빠져나간다. 그러므로 여성이 평생 몇 개의 난자를 생산하는지는 쉽게 계산할 수 있다. 반면에 남성의 정자는 언제든지 방출했다가 재생산이 가능하다. 이처럼 양성 사이의 구조와 상황은 완전히 다르다.

양육 투자의 딜레마

비교적 대가가 큰 양육 투자는 진화에서 일부 이점을 가져다준 동시에 단점도 초래했다. 난자가 크다는 것은 태아에게 최적의 조건을 마련해 주었음을 의미하며, 양육 투자가 커질수록 후손이 순조롭게 성장하고 살아남을 확률도 높아진다. 어떤 의미에서 볼 때 양육 투자는 일리가 있고 진화에서도 우세하다. 신체적으로든 사회 행위에서든 윗대에서 더 많은 노력을 기울여 후손을 키우면, 이 후손은 부모가 가진 유전자를 더 많이 퍼뜨릴 수 있는 기회가 생긴다.

그러나 다른 관점에서 보면 양육 투자가 클수록 개체가 일생 동안 생산할 수 있는 자손 수는 상대적으로 적어진다. 이것이 생물계의 딜레마다.

자손을 많이 낳을수록 마지막에 살아남는 비율은 낮아진다. 물고기는 한 번에 알 2만 개를 부화하지만 이 중에 겨우 0.2퍼센트만이 성어成魚가 된다. 반대로 양육 투자가 클 경우에는 자손이 완벽하게 보호받아 살아남는 비율도 높아진다. 그중 가장 대표적인 예가 인간이다. 그래서 인간은 생존율을 따지기보다 요절할 확률을 계산하며, 그 단위도 1천분의 1을 기준으로 삼는다. 다시 말해 인간의 생존율은 99퍼센트를 훨씬 상회하여 물고기와는 비교가 되지 않는다.

그러나 거꾸로 생각해 보면 인간은 평생 동안 아이 2만 명을 낳을 수는 없다. 여성이 아무리 많은 아이를 낳아도 기껏해야 20~25명 정도가 최대다. 게다가 자손을 많이 낳을수록 이들 각각에 대한 양육 투자가 소홀해져 결국 생존율은 줄어들 수밖에 없다. 대가가 큰 양육 투자는 자손의 생존율을 높이지만 반대로 출생 수는 떨어뜨린다.

따라서 번식력이 각기 다른 생물은 서로 다른 전략을 구사하며, 이 전략은 단순히 생식상의 변화나 요소로 결정되지 않는다. 가장 대표적인 인간을 예로 들면, 인간의 생식 상태 및 후대의 진화 발전에 영향을 미치는 핵심 요소는 근본적으로 생식과 무관하다.

3

호모 에렉투스의 출현

 인류가 다른 종보다 우세할 수 있었던 한 가지 이유는 직립이 가능했기 때문이다. 사람속Homo 중에 생물계에서 우세를 나타내기 시작한 가장 중요한 종은 '호모 에렉투스'Homo Erectus다. 이를 우리말로 풀면 '똑바로 선 인간'이 된다. 인류는 똑바로 일어선 데 이어 엄지손가락이 진화하고 앞다리가 자유롭게 움직일 수 있는 손으로 변했다. 인간이 진화를 통해 얻게 된 중요한 우세다.

 이 우세로 말미암아 인간은 발톱과 이빨로 다른 동물을 사냥할 필요가 없어지고 손을 쓸 수 있게 되었다. 손을 쓰면서 도구 사용이 가능해지고, 이어서 도구를 만드는 기술도 개발하기 시작했다.

그러나 인간은 사실 직립을 위해 상당한 대가를 치러야만 했다. 간단한 사실 하나를 언급하면, 우리의 신체 구조는 직립에 맞게 설계되지 않았다. 그래서 나이가 아무리 어리고 몸을 보양하고 운동을 열심히 한다 해도 살아 있는 동안은 신체의 기본 구조를 바꿀 수 없어, 50세 정도가 되면 틀림없이 요통이 찾아온다. 등 부위의 구조가 똑바로 서도록 설계되지 않았기 때문이다.

오랑우탄은 본래 네 발로 땅을 걸으며, 기껏해야 손 하나를 자유자재로 쓸 수 있는 정도다. 그런데 어느 날 갑자기 직립이 가능한 돌연변이가 나타난다면, 손으로 높은 곳의 열매를 따 먹는 등 비교적 먹이를 많이 얻을 수 있어서 더 많은 후손을 번식하는 우세를 가지게 된다. 그러나 끊임없는 번식이 직립 행위와 완전히 부합하는 신체 구조의 돌연변이를 계속 생산해 낸다는 것을 의미하지는 않는다. 이와 마찬가지로 오늘날 인간의 직립 행위 역시 불완전한 것이다.

인간이 똑바로 서게 되자 용불용설의 이치상 골반의 구조에 변화가 일어났다. 네 발로 기다가 두 발로 서면서 모든 중량이 골반에 실리게 된 것이다. 이 점에서 인간은 다른 영장류와 큰 차이가 난다. 엉덩이가 펑퍼짐한 오랑우탄이나 원승이는 없지 않은가. 또한 직립 후 인간의 골반 뼈는 안쪽과 바깥쪽으로 동시에 커지면서 복강腹腔의 공간이 점점 줄어들었고, 복강의 공간이 줄어들면서 여성의 자궁이 큰 영향을 받았다.

다른 영장류와 비교해 인간의 자궁은 팽창할 수 있는 공간이 크게 축소되었다. 인간이 직립하면서 골반이 커지고 자궁 공간이 축소됨에 따라, 만약 세쌍둥이를 낳는다면 태아의 체형이 작아지고 현실 환경에 적응하기 어렵지 않을까 예상해 볼 수 있다(물론 내가 세쌍둥이나 네쌍둥이를 낳은 사람에 대해 어떤 편견을 가진 것은 아니고 다만 진화의 가설을 이야기한 것뿐이다). 이때 여성 가운데 돌연변이가 나타나 더 이상 한 번에 세 명이 아니라 한 명만 낳게 된다면, 그 여성이 진화에서 우세하게 된다. 왜냐하면 양육 투자가 분산될 필요가 없고 위험한 환경에서 집중적인 보호가 가능하다는 이점을 얻기 때문이다. 이렇게 해서 단 하나만 낳는 유전자나 유전 요소가 끊임없이 번식하고, 시간이 오래 흐르면서 인류는 서서히 아이를 하나만 낳는 것이 정상적인 상태로 변했다.

플로레스인의 뇌 용량

2003년 고인류학자들은 인도네시아의 플로레스 섬에서 화석 인류를 발견했다. 이들의 정식 명칭은 '호모 플로레시엔시스'Homo floresiensis이며, 영화 『반지의 제왕』의 세계적인 흥행으로 '호빗'이라는 애칭으로도 불린다. 플로레스인은 키가 매우 작아서 아무리 똑바로 서도 성인 키가 110~120센티미터에 불과했다. 뇌 용량 역시 매우 작아 현대인의 뇌 용량의 약 6분의 1에 지나지 않았고, 심지어 다른 영장류인 침팬지나 고릴라, 오랑우탄보다도 더 작았다.

고고학계의 이런 발표가 나오자마자 사람들은 플로레스인이 직립이 가능하도록 진화했다면 당연히 다른 영장 목보다 현대인과 훨씬 가까워야 정상인데, 어째서 그들은 대뇌가 더 퇴화하고 작아졌는지 의아해했다. 그러나 얼마 지나지 않아 진화생물학자들이 이에 대한 해답을 제시했다. 이는 진화생물학에서 일찌감치 예견한 일이었지만 고고학적으로 확실한 증거를 찾지 못했을 뿐이었다.

인류는 직립 후 골반이 작아지면서 자손의 뇌 용량이나 신체의 모든 기능이 퇴화할 가능성이 높아졌다. 다시 말해 원래 오랑우탄의 배는 매우 크고 생식 공간도 매우 넓어 자손이 태어날 때 크기가 이미 어른 오랑우탄의 5분의 1이나 되었다. 그러나 아주 작은 공간에서 자손을 키우는 인간은 그 크기가 성인 체형의 10분의 1에 불과했다. 인도네시아 호빗이 바로 이를 입증했는데, 이들은 직립 후 사지와 몸통은 진화한 반면 뇌는 오히려 퇴화했다.

말이 나온 김에 한마디 덧붙이자면, 오늘날 여성이 임신하면서 생기는 체형 변화는 대단히 부자연스런 현상이다. 임신 후기인 마지막 14주차부터는 보통 정상적인 속도로 걷지 못하고 잠도 옆으로 누워서 자야만 한다. 양육 투자에 이렇게 정성을 들이는 여성이 만약 원시의 위험한 환경에 놓인다면 멸종을 결코 피할 수 없다. 이런 몸이라면 자신도 제대로 방어하지 못하는데 어떻게 배 속의 자손을 지킬 수 있겠는가. 인류가 언제부터 임신하면 배가 이렇게 커졌는지 확인할 방법은 전혀 없다. 그러나 고고학 자료를 통해 볼 때, 이는 꽤 시간이 흐른 뒤의 일로, 인류가 문명 시대에 진입한 약 5천~6천 년 전이 아닐까 짐작한다.

직립한 후 자손의 체형이 작아지고 두뇌 역시 작아짐에 따라 인류는 생존경쟁에서 불리해지기 시작했다. 그러나 여러 세대를 거치면서 또다시 돌연변이가 출현했다. 이 돌연변이의 자손은 태어난 후 대뇌와 사지, 몸통이 오랜 시간에 걸쳐 다양한 변화를 겪으며 성장했다. 정상적인 인류나 돌연변이의 자손이 태어날 때는 크기가 똑같았다. 그러나 정상적인 인류의 자손은 대략 1년 정도 지나면 성인과 몸집이 비슷해지는 데 반해, 돌연변이가 낳은 개체는 3~4년 동안 지속적으로 성장했다. 특히 중요한 것은 대뇌 역시 모체를 떠난 후에도 장기간 계속해서 성장했다는 점이다.

그렇다면 이런 유전상의 변종은 진화 과정에서 우세를 보였을까 아니면 열세를 나타냈을까? 어떤 각도에서 봤을 때는 분명 열세를 보였다. 다른 동종 개체들은 1년 후에 부모 곁을 떠나 독립생활을 하면서 다시 자손을 번식했다. 반면 이들은 비교적 오랜 시간에 걸쳐 성장해야 하는 까닭에 다 자라기도 전에 천적에게 잡아먹히고, 이들의 특별한 유전자 또한 함께 사라질 가능성이 높았다.

그러나 만약 조건이 달라진다면 이런 진화상의 열세는 곧 우세로 바뀌게 된다. 그 조건이란 양육 투자의 점진적인 증가다. 어미가 이 괴물을 낳고 3년이란 시간 동안 자신을 희생하여 곁에 두고 애지중지 키운다면 상황은 달라진다. 그리고 어미는 이 자식을 돌보기 위해 이 기간 동안 다른 아이를 낳을 수 없다. 만약 또 하나를 낳는다면 먼저 낳은 자식은 물론 나중에 낳은 자식도 제대로 키우지 못해 둘 다 사망할 가능성이 높다.

그 밖에 한 가지 조건이 더 있다. 정상적인 인류는 1년이면 족하지만 돌연변이는 3년 동안 자신은 물론 자손까지 먹여 살려야 하므로 매우 고되고 힘든 게 당연하다. 그러나 조력자를 찾는다면 목표를 비교적 쉽게 달성할 수 있다. 그 조력자란 바로 남자다!

발정의 위장과 2차 성징

인류가 진화하는 과정에서 나타난 또 한 가지 특이한 변화로 인해 진화상의 열세가 우세로 바뀌고 대대로 유전된 경우도 있다. 인류가 모든 포유동물 가운데 유일하게 발정을 숨기는 동물로 변했다는 점이다.

발정은 암컷 영장류 동물이 수컷에게 내가 지금 너와 교배하고 싶다고 알리는 매우 중요한 신호다. 그런데 암컷에게 돌연변이가 발생해 배란 전후에도 발정하지 않고 어떤 조짐도 보이지 않는다면 암컷은 수컷과 교배할 기회를 놓치게 되므로, 이 돌연변이에게 생긴 새로운 특징은 이치상 당연히 사라지게 된다. 또한 수컷도 더 많은 자손을 낳기 위해 암컷이 발정했는지 여부를 따지지 않고 무작정 교배하면 임신 확률이 떨어져 태어나는 자손도 줄어들기 때문에 이런 무모한 수컷은 곧 사라져 버린다. 그래서 훗날 모든 수컷의 유전자는 발정 난 암컷만 찾아 교배하도록 발전했다. 그렇지 않으면 그 수컷의 유전 특징을 지닌 후손이 멸종하게 되는 까닭이다.

그러나 인간은 진화 과정에서 몇 가지 조건이 연속으로 우연히 어울리면서 지금의 모습을 갖추게 되었다. 발정을 감춘 여성은 남성에게 자신이 발정했다고 오해하게 만들거나 심지어 자신이 발정했는지 여부조차 전혀 알아채지 못하도록 남성을 속이는 방식으로 발전했다. 앞에서 언급한 중요한 문제 하나를 다시 상기해 보자.

다윈은 성선택을 이야기하면서 수컷은 경쟁하고 암컷은 선택한다고 주장했다. 즉 수컷은 암컷의 주의를 끌기 위해 화려하게 치장하고, 암컷은 그중 번식에 비교적 유리한 대상을 선택한다는 말이다. 암컷의 선택이 중요한 이유는 양육 투자에서 암컷이 수컷보다 훨씬 많이 투자하므로 함부로 또는 엉뚱하게 상대를 고를 수 없기 때문이다. 평생 임신과 출산 횟수가 제한된 암컷으로서는 우수한 수컷을 선호하는 것이 당연하다. 반면 수컷은 이와 다르다. 수컷은 양육 기간이라도 언제든 교배가 가능하여 더 많은 자손을 남기려면 교배를 많이 할수록 좋다. 그래서 수컷은 거절 여부와 상관없이 늘 충동적으로 암컷에게 접근한다. 그러나 암컷은 항상 최고의 상대를 고른다. 이것이 '수컷 경쟁과 암컷 선택'의 원리다. 이때 수컷은 수공작의 크고 화려한 꼬리처럼 주로 2차 성징을 이용해 다른 수컷과 경쟁한다.

자연계의 이런 일반적인 상황에서 거의 유일한 예외가 인간이다. 인간 중에 뚜렷한 2차 성징을 가진 쪽은 여성이다. 동시에 인간은 발정의 조짐을 철저히 감춰 드러내지 않는다. 이 두 가지 현상은 서로 연관성을 가지고 있어서, 한 가지만 단독으로 나타나면 유전되기 어렵고 자연선택 과정에서 도태될 가능성이 높다. 만약 암컷이 발정을 감추기만 하면 수컷과 교배할 기회를 잃어 그 특성이 유전될 수 없다. 그러나 여기에 2차 성징이 더해지면 전혀 다른 효과가 나타난다.

암컷 원숭이는 본래의 생식기 색깔이 변하면서 수컷 원숭이에게 '내가 지금 발정이 나서 너와 교배하고 싶다'는 뜻을 전달한다. 그런데 여성은 장기간 나타나는 2차 성징을 이용해 남성에게 자신이 계속 발정 상태에 있다고 오해하도록 만드는 전략을 활용한다. 이 과정에서 가장 중요한 여성의 특징은 젖가슴의 발육이다. 집에서 키우는 암캐나 암고양이를 잘 관찰해 보면 그것들은 발정이 나거나 새끼를 뱄을 때만 젖가슴이 커진다. 그러나 여성은 항상 젖가슴이 튀어나와 있고 이를 본 남성은 자연스럽게 흥분하게 된다. 남성은 여성의 몸에 나타난 이런 2차 성징 때문에 이 여성과 교배하여 아이를 낳을 최적의 시기가 언제인지 전혀 알 수 없다.

아버지의 불확실성

이를 통해 나타난 가장 크면서도 중요한 효과는 아버지의 불확실성이다. 다른 동물, 특히 영장류 동물 중 수컷은 반드시 암컷이 발정했을 때에만 교배하려고 경쟁한다. 수컷은 교배 후에 자신의 정자가 암컷의 몸에 들어가고, 이렇게 태어나는 새끼가 자기 후손임을 본능적으로 알게 된다. 이런 방법으로 수컷은 다른 경쟁자들을 물리친다. 암컷이 이미 다른 수컷과 교배했음을 안 수컷은 굳이 그 암컷을 찾아가 자신의 정자를 낭비하는 멍청한 짓은 하지 않는다.

그러나 인간에게는 이런 보장이 없다. 프로이트에 의해 밝혀진 대로 모든 남성의 잠재의식 속에 감춰진 가장 두려운 일은 그 아이가 정말 내 아이인지 확신할 수 없다는 것이다. 인간은 어머니가 누구인지는 확실히 알 수 있지만 아버지가 누구인지는 확실히 말할 수 없다. 동물계에서는 암컷이 발정했을 때 수컷들이 먼저 교배하려고 경쟁하고, 일단 교배가 끝나면 암컷은 더 이상 다른 수컷과 교배하지 않는다. 그러나 인간은 다르다. 남성은 항상 이 아이가 과연 내 아이인지, 또 어떻게 이를 증명할 수 있는지 초조해하고 불안해한다.

그럼 여기서 두 가지 다른 유전자를 비교해 보자. 하나는 어떤 상황에서도 마구 교배하는 유전자다. 내가 교배하려는 대상이 방금 다른 남성과 교배하여 내 아이를 가질 가능성이 크게 떨어진 것과 관계없이 무조건 그녀와 교배하려는 유형이다. 상대를 가리지 않는 이런 유형은 진정한 플레이보이형이라고 할 수 있다. 또 다른 유전자는 이와 정반대라 반드시 한 여성과 교배하기를 원한다. 물론 이 여성이 먼저 다른 남성과 함께했거나 이미 임신 중이라면 그에게는 자기 아이를 낳을 기회가 줄어든다.

그렇다면 이 두 가지 유전 특징 중 번식에 유리한 쪽은 과연 어디일까? 당연히 후자다. 그래서 후자가 가진 특징이 오랫동안 유전되어 내려온 것이다. 이처럼 대다수 남성이 계산을 한다. 그러나 불행히도 맞히기가 어려워 정확성은 크게 떨어졌다. 여성은 발정하지 않을 뿐 아니라 발정이나 심지어 임신 여부도 겉으로 드러내지 않는다. 오늘날 여성의 임신 여부는 곁에 있는 남성은 말할 것도 없고 여성조차도 임신 테스트를 통해서만 비로소 알 수 있다. 이는 생물계에서도 매우 기이한 현상이다.

남성은 이런 현상으로 인해 공황 상태에 빠졌고, 유전에서 우세를 확보하기 위해 자기 여성을 관리한다는 또 다른 행위를 발전시켰다. 남성은 자기 여성이 다른 남성을 만났을 때 어떤 일이 벌어질지 모르므로 절대 이를 허락하지 않았다. 여성도 남성도 임신 여부를 전혀 알 수 없는 상황에서 다른 남성에게 유리한 위치를 뺏기면 그야말로 끝장이었다. 그렇게 되면 그 남성이 자손을 번식할 기회는 줄어들고 만다.

4

가족제도의 진화론적 기초

 이처럼 생물계에 본래 없던 현상이 나타나면서 훗날 인간은 진화 과정 중에 엄청난 우세를 가지게 되었다. 여성은 이런 변화 때문에 남성을 최대한 양육 투자로 끌어들일 수 있었다. 남성은 생식 기회를 빼앗기지 않고 확실히 보장받기 위해 여성과의 생식 과정에 점점 더 많은 투자를 해야만 했다. 일단 양육 투자가 커지자 판돈도 커졌고 그러면서 남성은 자손이 잘 자라는지를 더욱 중시하게 되었다.

 남성은 자신과 교배하는 여성을 보호하고 관리해야 하는데, 만약 다른 남성의 침입을 저지하지 못해 아무것도 모른 채 남의 아이를 낳고 키운다면 정말 비참한 일이 아닌가.

남성의 생식 우세로 따져 볼 때 남성이 가장 바라는 일은 모든 여성이 자기와만 교배하는 것으로, 남성은 자기 여성과 교배한 후에는 몰래 다른 남성의 여성을 빼앗고 싶어 한다. 이렇게 해야 자기 자손을 가능한 한 많이 낳고, 또 다른 남성이 그 아이들을 키우게 할 수 있다. 그러나 남성이 자신의 여성을 떠나 다른 남성의 여성을 노릴 때, 자신의 관리에서 벗어난 자신의 여성을 다른 남성에게 빼앗길 수도 있다는 사실을 절대 잊어서는 안 된다.

이런 상황은 인간이 일대일 관계를 발달시키는 계기가 되었다. 비록 이 관계가 절대적이지는 않지만 말이다. 예를 들어 어떤 남성이 자기 여성을 철저히 관리하여 아이를 가졌을 때, 이 남성은 아이가 자기 태생임을 확신하고 안심한다. 그리고 진화의 우세 원칙에 따라 다른 여성을 넘보게 된다. 이때 자신의 여성은 가장 안전한 상황에 있어 관리할 필요가 없다. 이때가 남성이 가장 자유로운 시기이므로 남성은 다른 여성을 취해 자신의 유전자를 가진 자손을 더 많이 낳을 기회를 얻고자 하는 것이다.

진화론이 낳은 남성적 사유

진화생물학의 관점을 통해 우리 문화 속에서 끊임없이 모성이 강조되고 있고 여성도 임신한 다른 여성을 봤을 때 아름답다고 느끼지만, 실제로 남성은 임신한 여성을 그리 아름답다고 여기지 않고 자기 아내가 임신했을 경우에는 특히 더 그렇다는 주장이 있다. 이는 진화의 측면에서 꽤 일리가 있다. 왜냐하면 이런 특성을 가진 남성일수록 더 많은 자손을 낳기 때문이다.

인간의 몸에 나타난 여러 가지 현상들은 오직 진화론으로만 설명이 가능하다. 남성이 정자를 생산하는 속도가 일정치 않은 예를 들어 보자. 가장 단순한 일부일처제의 성관계에서 남편이 배출하는 정자의 수는 언제 증가할까? 사람들은 대개 부부가 오랫동안 성관계를 하지 않았을 때 남성이 축적한 정액의 양도 많을 것이라고 생각한다. 그러나 실제로 측량한 결과는 이와 전혀 달랐다.

이는 성관계의 공백이 아니라 남성이 얼마나 오랫동안 부인 곁을 떠나 있었는지에 따라 달라진다. 바꿔 말하면 부인이 얼마나 오랜 시간 동안 그의 곁에 없었는지에 의해 좌우된다는 표현이 더욱 정확하다. 만약 매시간 붙어 있는 사이라면 남성은 아내에 대해 한시름을 놓아 사흘이나 닷새, 일주일 만에 성관계를 맺어도 정자의 수에 뚜렷한 증가를 보이지 않는다. 그러나 만약 아내가 동창회에 참석해 밤을 새우고 들어온다면 남편이 배출하는 정자의 수는 갑자기 40퍼센트나 증가한다. 그 시간에 다른 남성이 아내의 몸 안에 정자를 배출했을 가능성이 있기 때문에 남편은 좀 더 많은 정자를 배출하여 내 정자가 다른 남성의 정자를 이기도록 무의식적으로 반응하는 것이다. 이것이 인간의 몸에 남아 있는 진화의 흔적이다.

진화의 관점에서 보면 생식에 대처하는 남성과 여성의 태도가 매우 다르다는 사실을 알 수 있다. 남성은 최대한 많은 자손을 번식할 기회를 얻음과 동시에 다른 남성의 침입을 막기를 원한다면, 여성은 남성이 함께 양육 투자를 담당해 주길 원한다. 따라서 원하는 배우자를 선택하는 과정이 필연적으로 다를 수밖에 없다.

남성은 마지막까지 아이를 몇 명이나 낳을 수 있을지, 또는 생식 기회가 얼마나 될지에 몰두하기 때문에 배우자를 선택할 때 생식기가 방금 시작된 여성에게 집착하는 경향이 있다. 바꿔 말해 한 여성과 평생을 함께한다고 할 때 그 여성이 폐경이 올 때까지 가능한 한 많은 아이를 낳기 위해서는 당연히 이제 막 생식기를 시작한 여성이 가장 바람직하다. 따라서 남성이 어린 여성을 좋아하는 이유도 진화나 생식 면에서는 일리가 있다.

남성의 심미관마저도 진화의 영향을 받았다. 인류학자들은 일찍이 각기 다른 문화 안에서 남성과 여성이 생각하는 미인의 기준에 대해 조사한 적이 있었다. 조사 결과, 어느 문화에서든 남성들은 공통적으로 눈이 크고 코가 작은 여성을 미인으로 여기는 것으로 나타났다. 이는 무엇을 의미할까? 인간은 나이가 들어감에 따라 눈이 점점 작아지고 코가 점점 커지기 때문에, 큰 눈과 작은 코를 좋아하는 것은 사실 젊음의 중요성을 돌려서 강조한 것이라고 할 수 있다. 따라서 미인을 이야기할 때 여성이 어리기만 하면 좋게 보는 기준은 진화의 요구에 딱 부합한다.

남성은 여성과의 생식 기회에만 관심을 두므로 여성이 아이를 많이 낳을수록 좋아한다. 반면 여성은 혼자서 양육 투자에 모든 노력을 기울여야 하기 때문에 이를 분담해 줄 남성을 찾으려 한다. 따라서 여성은 어린 남성만을 고집하지 않는다. 어리든 아니든 그녀가 가지는 생식 기회에는 별 차이가 없을 뿐 아니라 남성의 생식 능력 역시 크게 문제 삼지 않기 때문이다.

미국에서는 인간의 불안감에 대한 매우 유명한 실험을 실시했다. 먼저 피실험자의 몸에 모두 거짓말 탐지기를 부착하고 똑같은 일을 상상하도록 한 다음, 이들의 신체 반응을 기록했다. 이를 통해 결국 사람들이 어떤 일에 가장 불안감을 느끼고 견딜 수 없어 하는지를 알아낼 수 있었다.

이성 문제에 있어 가장 불안해하고 견디지 못하는 부분이 남성과 여성은 완전히 달랐다. 남성은 자기 아내가 친한 회사 동료와 근사한 저녁을 먹고 즐겁게 웃음꽃을 피우는 모습에서 아내가 그 남자를 사랑하는 듯하다고 상상하며 매우 불쾌해했다. 이어서 그에게 지금 당신 아내가 그 회사 동료와 잠자리하는 모습을 상상하게끔 하자, 남성의 불안감은 아니나 다를까 최고조에 달했다. 이번에는 여성 피실험자에게 자기 남편이 어떤 여인과 함께 여행을 떠났다고 상상하도록 하자 여성은 강렬한 반응을 보였다. 그런데 여성의 불안감 지수는 남성 피실험자와 달리 남편이 자신을 사랑하지 않고 더 이상 자신과 같이 있기 싫어한다고 상상할 때 최고조에 달했다.

진화론자들이 마련한 이 심리 실험은 한 가지 사실을 증명한다. 즉 남성은 생식 방면의 우세 문제로 생식 기회를 다른 남자에게 빼앗기는 배우자의 불륜을 가장 마음에 두며,

여성은 양육 투자의 약속 철회를 의미하는 남자의 외면을 가장 두려워한다는 것이다. 이처럼 남성과 여성은 중점을 두는 부분이 완전히 다르다. 그래서 남성은 아내가 다른 남자에게 푹 빠져 있더라도 그 남자와 잠자리를 같이하지 않으면 용서가 되는 반면, 여성은 남편이 아무리 바람을 피우고 다녀도 가정을 포기하지만 않으면 용서한다.

지금까지 진화가 양성 관계에 미친 영향에 대해 살펴보았다. 여기서 우리는 양성이 진화하는 데 필요한 각각의 우세와 열세로 인해 현재 인류 사회의 가족관계가 형성되었음을 알 수 있다. 가족관계는 남성에게 생식 기회를 보장해 주었을 뿐 아니라 특정 여성과의 생식 기회를 다른 남자에게 빼앗기지 않을까 하는 우려를 씻어 주었다. 한편 여성은 가정을 통해 특정 남성이 양육 투자에 기꺼이 참여한다는 약속을 받으면서 남성이 아이와 양육 투자를 포기하지 않을까 하는 걱정을 하지 않게 되었다.

일부일처제의 형성

그러나 가족제도는 진화라는 측면에서 풀기 어려운 숙제를 남겼다. 진화의 법칙으로만 봤을 때 일부일처제는 어떻게 자연스러운 제도로 발전한 것일까? 남성이 생식 방면에서 지닌 가장 큰 우세는 가능한 한 많은 여성을 취해 이 여성들이 많은 아이를 낳게 하는 것이라고 앞에서 말하지 않았는가?

남성의 경우, 자원이 풍족하다면 마치 옛날 국왕이나 황제가 후궁을 거느린 것처럼 여러 여자를 얻고 이들을 잘 관리하여 될수록 많은 아이를 낳아야 생식 방면에서 절대 우세를 가질 수 있다. 이런 일부다처제는 단순히 생식과 진화의 관점에서만 봤을 때, 양육 투자의 협조를 바라는 여성 역시 강하게 저항할 이유가 없다. 그 남성이 넉넉한 양육 투자를 제공하는데 굳이 그의 다른 여자와 다툴 필요가 있겠는가. 설사 다른 여자와 그를 나눠 가진다 해도, 질투가 없는 여성일수록 오히려 더 많은 자손을 낳을 뿐 아니라 자손들 역시 강인한 유전자를 물려받고 충분한 양육 투자를 누릴 수 있다. 간단히 말해서 단순히 진화의 생식 우세에서 보면, 질투하는 여성은 멸종하고 질투하지 않는 여성이 진화에서 우세를 보여 비교적 많은 번식 기회를 가질 것이며 결국에는 모든 여성이 질투하지 않는 쪽으로 변할 것이다.

어떤 이는 진화론자들이 대부분 남성이어서 이런 가설을 세웠다고 말한다. 그러나 이 문제의 핵심에는 여전히 일부일처제가 어떻게 확립되었는지에 대한 의문이 존재한다. 이 문제를 설명하려면 반드시 문화적인 요소를 따져 봐야 하지만 자연의 진화 법칙 역시 여기에 일정 부분 기여했다고 할 수 있다.

인류 사회에 일부다처제의 예는 수없이 존재하는 반면 일처다부제는 상대적으로 그 수가 매우 적은데, 이는 대부분 진화에 의해 결정된 것이다. 한마디로 일처다부제는 진화에서 남녀 쌍방 모두에게 전혀 우세를 가지지 못했다. 한편 일부다처제는 일부일처제보다 훨씬 합리적이었는데도 왜 인류의 가족제도로 정착하지 못했는지에 대해서도 설명하기가 쉽지 않다. 여기서 합리적이란 말은 자연계에 해당하는 것이지 결코 사회 도덕적인 의미는 아니다.

그나마 타당한 해석은 일부일처제가 남성 사이의 경쟁 강도를 완화시켰다는 데에서 찾을 수 있다. 자연적인 환경 안에서 일부다처제가 성행하면 소수의 남성만이 모든 여성을 차지하여 나머지 수많은 남성이 교배 기회를 잃는다. 이렇게 되면 두 가지 결과가 나타난다. 첫째는 교배하지 못한 남성들의 유전자가 사라지고 결국 승자의 유전자만 살아남는다. 그러나 여기에는 또 다른 가능성이 존재한다. 이 남성들이 멸종되기 전에 최후의 발악으로 혼자서 혹은 합심하여 많은 여성을 소유한 남성의 자원을 빼앗을 수도 있다. 이럴 경우 상황은 완전히 달라진다.

그렇다면 이는 인간의 유전자에 공평성이라는 요소가 존재하는 것과 관련이 있을까? 어떤 진화론자들은 일부일처제가 확립된 이유로 인간이 다른 동물에 비해 한 가지 요소를 더 가지고 있기 때문이라고 주장했다. 그것이 무엇인지는 실험을 통해 설명해 보도록 하자.

소박한 공평 관념

지금 실험 하나를 해 볼 텐데, 이를 통해서 진화론자들이 말한 사회적 동물에 자신이 얼마나 가까운지 판단해 보길 바란다. 먼저 실험에 참가한 사람들을 2인 1조로 나눈 다음 조마다 1만 원씩 지급한다. 그리고 둘이 가위바위보를 해서 이긴 쪽은 이 1만 원을 어떻게 분배할지 결정하고, 진 쪽은 상대편이 분배한 액수를 받아들이느냐 마느냐라는 선택권만 갖는다. 그런데 이긴 쪽이 제시한 분배액을 진 쪽에서 거부하면 이 돈을 회수하고 둘 다 한 푼도 가질 수 없다.

이때 당신이 가위바위보에서 이겼다면 돈을 어떻게 분배할지 머릿속으로 생각이 많아질 것이다. 내가 9천 원을 갖고 상대방에게 1천 원을 줄까? 아니면 8대2? 7대3? 6대4? 아예 5대5로 공평하게 분배할까?

거꾸로 당신이 졌다면 분배액의 수용 여부를 결정해야 하는데 마지노선은 얼마까지인가? 7대3이나 8대2, 9대1을 받아들일 마음의 준비가 되었는가? 사실 당신이 마음속으로 마지노선을 설정했다면 100퍼센트 이성적이지 않음을 나타낸다. 상대방이 8천 원을 가져가고 나는 고작 2천 원만 손에 쥔다고 8대2의 분배를 거부하면 상대방은 물론 나도 한 푼도 가지지 못한다. 설사 9대1이라고 해도 1천 원이 내 호주머니에 들어오는데 이를 거부하는 것은 차라리 내가 이 돈을 갖지 못할지언정 상대방에게 절대 많은 액수를 가져가게 하지 않겠다는 심보로밖에 해석할 수 없다.

이 실험은 진화에서 상당히 큰 의미를 지니고 있다. 인간의 행동에서 절대 배제할 수 없는 요소이자 다른 동물에게 없거나 확연히 드러나지 않는 것 중 하나가 바로 공평성이다. 상대방은 8천 원을 가져가고 나는 2천 원만 가져간다면, 내가 2천 원을 손해 보더라도 상대방이 8천 원을 가져가지 못하게 하는 것은 매우 소박하면서도 자연적인 본능에 가까운 공평 개념이다.

이 공평 개념은 가위바위보에서 이긴 사람에게도 나타

나 상대방과 5대5로 나누는 선택을 하게 만든다. 내가 9천 원을 가지고 상대방이 1천 원을 가지더라도 어쨌든 없는 것보다는 나으니 상대방이 이를 받아들일 것이라고 생각하는 사람은 없다. 왜냐하면 당신은 이 인간 세상이 절대 그렇게 돌아가지 않는다는 사실을 분명히 알고 있기 때문이다.

여기에는 당연히 사회적인 요소도 영향을 미친다. 그러나 각기 다른 문화 환경에서 이 실험을 실시하고 나서도 유사한 결과를 얻게 되자, 진화론자들은 공평 개념이 생물학적 토대를 가지고 있다고 굳게 믿었다. 무엇이 중요한지를 결정할 때, 인간이 다른 동물보다 고등하고 나은 점은 공평한 판단을 내린다는 사실이다. 만약 공평한 판단 원칙에 위배된다면 관련된 모든 걸 없애 버려도 개의치 않는다.

일부일처제가 정착된 이유는 어쩌면 인간이 이런 공평 유전자를 가지고 있었기 때문인지도 모른다. 이런 공평 유전자가 있다면, 생식에서 열세를 띤 사람은 자신뿐 아니라 모두가 생식을 하지 못하도록 만들어도 상관없다는 충동을 느낄 수 있다. 만약 내가 이런 공평 유전자를 가지고 있고 내 생식 유전자 조건이 남들에 비해 뒤처져 아내를 얻기 어렵다고 치자. 그렇더라도 이 공평 유전자를 통해 나는 타인이 나를 두려워하게 만들어 또 다른 진화의 우세를 점할 수 있다. 원래는 아이를 낳을 기회가 없던 사람들은 그들에 대한 타인의 공포를 이용해 여성을 점유한 사람으로부터 양보를 얻어 자손을 낳을 수 있게 된다. 이런 공평 유전자를 가진 사람이 늘면서 인류 사회도 조금씩 일부일처제로 향해 갔을 것이다.

이런 공평 유전자는 너 죽고 나 죽자 식의 매우 강력하고 파괴적인 충동성을 띠고 있어서 자신의 멸종에 전혀 개의치 않는 탓에, 이들의 유전자도 함께 사라질 가능성이 높다. 그러나 이들이 스스로를 훼손하기 전에 이런 유전자를 가지지 않은 사람들의 양보를 받아내 결국 공평 유전자가 번식할 기회를 얻고, 이 유전자가 일정 정도 축적되면서 공평성 문제를 더 이상 무시할 수 없는 단계에까지 이르렀다.

VIII

진화론의 함정과 영향

1

진화론의 세 가지 함정

 진화론은 오늘날 우리 사회가 이런 모습을 갖추게 된 데에 생물학이 어느 정도 기여했다는 사실을 증명한다. 그러나 우리는 몇 가지 함정, 특히 진화론의 해석을 남용하거나 오용하는 함정에 빠지지 않도록 주의해야 한다.

 첫 번째 함정은 자연적인 현상으로 모든 것을 설명하려는 어설픈 오용이다. 예를 들면 진화의 측면으로 봤을 때 남성이 여러 여성을 넘보는 것에 일리가 있다며 남성이 이런 행동을 해도 용납된다는 생각이다. 많은 사람이 사회생물학이나 새로운 진화생물학, 심리학에 반대하는 이유도 이런 학설이 강자의 행위를 합리화하는 데 이용된다는 점 때문이다. 그러나 진화는 한 번도 이렇게 단순한 적이 없었으며, 진화에서 나타난 우세는 결코 절대적이지 않다는 점을 밝혀 둔다.

인간의 직립을 예로 들면, 직립이 진화에서 우세를 점하긴 했지만 대가도 따랐다. 여성이 발정을 숨긴 것 역시 대가를 치렀지만 다른 전환 과정에서는 우세를 보이기도 했다. 이처럼 진화의 우세와 열세는 매우 세밀하면서도 역동적인 과정이어서 절대적인 것으로 간주해서는 안 된다.

어느 날 여성의 임신 기간이 3개월로 줄어든다면 과연 우세라고 말할 수 있을까? 솔직히 말해서 정확한 판단을 내리기는 어렵다. 3개월 만에 아이를 낳으면 물론 더 많은 자손을 생산할 수 있다. 그러나 이런 자손들은 10개월에 걸쳐 어미 배 속에 있다가 태어난 아이보다 생존경쟁에서 뒤처지는 열세를 보일 수밖에 없다. 따라서 단순하고 어설프게 우세와 열세를 결정 내려서는 안 된다. 이는 종종 불균형하면서 빠른 변화 속에서 나타나므로 우리는 단지 역동적인 과정 안에서 우세 혹은 열세를 해석할 수 있을 뿐이다.

또한 우세와 열세는 환경 변화와 관련이 있다. 서로 다른 환경 조건 아래서 본래는 우세였던 것이 열세로 바뀌기도 한다. 인간의 경우 가장 많은 여성을 유혹하는 남성이 가장 많은 여성과 교배할 기회를 가지므로 당연히 생식 방면에서 우세하게 된다. 그러나 앞 장에서 말한 신기한 공평 유전자로 보면, 이 사람은 뭇 사람의 표적이 되고 다른 사람들이 합심해 공격하는 대상이 될 가능성이 크다. 이때 그의 우세는 커다란 열세로 바뀐다.

우리가 다윈을 연구하고 나아가 그를 통해 진화론을 이해하며 또 진화론으로 인간의 진화를 해석할 때는 반드시 역동적인 틀과 함께 섬세한 생각을 하는 진화론자가 되어야지, 진화론을 어설프게 남용해서는 안 된다.

불티나게 팔리는 과학 관련 서적에서 만약 저자가 이것이 우세이고 저것이 열세라고 단정 지어 말하며 역동적인 분석을 결여하고 있다면, 그 책을 한쪽으로 치워 두도록 하자. 우리에게는 우세와 열세가 동시에 존재하고 출현한다는 역동적인 분석이 필요할 뿐이다.

두 번째 함정은 인간이 지닌 중요한 능력 및 이 능력이 야기한 중대한 차이에 소홀하는 것이다. 이 능력이란 모든 생물 중에서 인간만이 유일하게 가능한 자기성찰과 반성이다. 인간만이 진화의 이치를 탐구할 수 있고, 인간이 가진 진화에 대한 지식 자체가 진화의 변수가 된다. 그래서 우리는 다윈을 중요하게 여겨야 한다.

다윈은 19세기까지 자연계에 숨겨져 있던 진화의 비밀을 발견했다. 만약 다윈이 존재하지 않았거나 인간이 진화에 대해 설명하고 이해하고 해석할 수 없었다면, 인간은 진화론을 전혀 모르는 상황에서 그저 자연에 순응했을지도 모른다. 1859년에 다윈이 이 수수께끼를 밝혀내면서 인간은 진화가 무엇인지 깨닫고, 진화의 우세와 열세가 무엇인지 구체적으로 사고하기 시작했다. 이런 지식의 영향으로 인간의 진화는 자연에 순응하는 기존의 상황과 크게 달라지게 되었다.

진화론으로 모든 것을 설명할 수는 없다

나는 20세기 이후에 인류 사회에 나타난 대부분의 현상, 또는 20세기에만 존재했던 현상을 단순히 진화론으로 해석할 수 있다고 여기지 않는다. 당시 인간은 이미 진화가 무엇인지를 알았다. 인간의 행위는 진화론에 대한 인간 자신의 이해에 영향을 받아 서로 다른 행위 패턴을 만들어 냈다. 이는 어리벙벙하게 진화의 변화를 받아들이는 것과는 완전히 다른 일이다. 우리는 이런 자기성찰과 반성을 절대 소홀히 해서는 안 된다.

마지막으로 주의해야 할 점이 있다. 진화론이 매우 흥미롭긴 하지만 한계가 있어서 인간의 행위와 관련된 수많은 수수께끼를 충분히 해결할 수 없고, 대개 문화나 사회, 역사 등 갖가지 요소의 힘을 빌려야 한다는 것이다. 지금까지도 진화론으로는 명확히 한계를 보이는 몇 가지 의제가 있다.

대표적인 예가 자살인데, 자살이 유전자와 관련이 있을까? 이치대로라면 자살 유전자는 존재하지 않아야 정상이다. 자연계에서 자살하는 동물은 거의 찾아보기 어렵다. 설사 자살 유전자를 가진 돌연변이가 출현하더라도 이 개체가 자살해 버리면 그 유전자도 사라지게 된다. 그런데 인간은 왜 다른 동물과 다른 것일까? 이 의문을 풀기 위해 우리는 뒤르켐*의 『자살론』을 읽고, 자살을 사회학적 관점에서 분석한 그의 해석을 참고해야 한다.

진화론자들이 자살을 해석한 수많은 의견 중에서 가장 재미있는 것은 인간의 자살 유전자가 공평 유전자와 서로 관련이 있다는 점이다. 자살은 문제와 위기가 내재한다는 사실을 다른 사람에게 명확히 알리는 일종의 경고로, 자살자는 자신을 희생해 이 사회가 문제를 의식하고 해결하게끔 도움을 준다. 이는 자살의 긍정적인 면을 설명하고 있지만 여전히 자살자들이 사라지지 않는 이유를 명쾌하게 해결하지는 못한다.

---

*에밀 뒤르켐(Émile Durkheim, 1858~1917)은 프랑스의 사회학자로 카를 마르크스, 막스 베버와 함께 '3대 사회학자'로 불린다. 대표 저서로 『사회분업론』, 『사회학적 방법의 규칙들』, 『종교 생활의 원초적 형태』 등이 있다.

또 한 가지 논쟁거리는 동성애다. 동성애자끼리는 생식이 불가능하므로 만약 동성애가 유전자와 관계가 있다면 그 유전자는 절대 유전될 리가 없다. 따라서 자살이나 동성애가 어떻게 나타나고 지속돼 왔는지를 설명하기란 매우 어렵다. 세대마다 돌연변이가 계속해서 출현했다고 추측해 볼 수는 있지만 실제로 그 확률은 매우 낮다.

이처럼 진화로는 인류의 일부 중요한 행동의 유래를 설명할 수가 없다. 따라서 진화론의 해석은 남용해서는 안 된다. 진화론으로 해석이 가능한 영역에서는 훌륭한 답안을 얻을 수 있다. 그러나 또 다른 영역에서는 잠시 해석을 보류하는 것이 최선이다. 여기에서는 당연히 다른 답안을 찾을 가능성을 항상 열어 놓아야 한다.

2

다윈은 아직 떠나지 않았다

    1859년에 『종의 기원』이 출간된 이래로 오늘날까지도 진화론에 대한 각종 논쟁이 이어지고 있다. 어쨌든 전체적으로 봤을 때 다윈의 위대한 공헌 중 하나는 인간과 동물, 심지어 기타 생물과의 경계선을 허물었다는 점이다. 그는 원래 인간에게 내재한 수많은 것들을 문화나 사회적 관습으로 통제하거나 바꿀 수 없다고 우리를 설득했다. 즉 우리가 과거에 인류 문화나 사회의 일부분으로 여긴 것이 사실은 동물성의 투영이나 다른 형태의 표출일 뿐이라는 것이다.

    그러나 20세기 초에 이르러 다윈주의에 대한 강력한 반발이 일어나면서 문화인류학이 태동했다. 문화인류학은 종교와 다윈주의가 인간 이해에 대해 전과 다른 길을 가길 바라는 데에서 출발했다. 종교에서는 인간을 하느님의 숭고한 의지가 반영된 창조물이자 산물로 여긴다. 반면 다윈은 인간이 어떻게 자신의 동물성을 감추는지 아는 데 불과할 뿐이며 여전히 동물성에 의지해 살아가고 있다고 격하했다.

문화인류학자들은 새로운 문화 개념을 수립해 인간과 동물의 차이점을 분석하고, 또 인간이 어떻게 다른 동물의 천성이나 본능을 뛰어넘어 새로운 삶을 개척했는지 설명하고자 했다. 따라서 문화인류학이 세운 기본 가설에서는 인간이 비록 동물의 특징을 가지고 있지만 문화를 통해 개조할 수 있는 부분이 우리가 상상하는 것보다 훨씬 많다는 점을 내세웠다.

문화의 힘

문화인류학의 창시자인 보애즈*는 미국으로 이민 온 사람들의 두상을 조사하는 독특한 실험을 했다. 이 실험을 통해 미국으로 이민 온 사람들의 생김새가 점점 미국인을 닮아간다는 사실이 증명되었다. 이는 인위적인 환경이 심지어 두개골의 형태에도 영향을 미친다는 말이 된다. 이민 1세대와

---

* 프란즈 보애즈(Franz Boas, 1858~1942)는 독일계 미국 인류학자로 현대 인류학의 선구자이자 '미국 인류학의 아버지'로 일컬어진다.

2세대의 두개골 비율은 달랐지만, 서로 다른 지역에서 이민 온 2세대 간의 두개골 형태는 오히려 더 비슷했다. 이처럼 두상마저도 바꿀 수 있는 문화의 힘으로 무엇인들 바꿀 수 없겠는가?

이 조사는 당시에 커다란 충격을 던졌다. 이처럼 문화의 힘은 매우 위대하다. 또 앞에서 언급한 뒤르켐의 『자살론』 역시 센세이션을 불러일으켰다. 자살은 원래 개인의 선택이지만 뒤르켐은 인간이 처한 사회적 환경에 따라 자살률이 다르게 나타난다는 사실을 증명했다. 다시 말해 자살은 사회적 행위이지 순전히 개인적인 행위가 아니라는 것이다. 여기에서도 위대한 사회의 힘이 드러난다.

1920년대부터 1960년대까지 사회와 문화는 인간의 본성을 능가하는 중요한 변수였다. 스키너** 같은 철저한 행동주의자는 간단한 충격 요법을 통해 인간을 어떤 형태로도 바꿀 수 있다고 주장했다. 다시 말해 후천적인 교육이 대단히 중요하며, 상대적으로 선천적인 본능은 그리 대단하지 않다는 것이다.

그러나 1960~1970년대 이후에 천성, 본능, 인성이 재조명되면서 실제로 문화는 별 볼 일 없고, 인간의 행동 중 어떤 것은 좋든 나쁘든 자연과 관련 있다는 주장이 갈수록 강조되

** B. F. 스키너(B. F. Skinner, 1904-1990)는 미국의 행동주의 심리학자로 신행동주의의 대표적 인물이다.

었다. 인간은 사실 자연이 가한 통제를 무시할 만큼 대단한 능력을 가지고 있지 않다는 것이다.

현재 우리는 누구도 부인할 수 없는 공통된 인식을 가지게 되었다. 그것은 우리가 다윈에게서 절대 벗어날 수 없으며 그는 우리가 상상하는 것보다 훨씬 날카롭고 상당한 영향력을 미쳤다는 사실이다. 다시 말해 인간의 신체 변화나 행동, 인간이 이룩한 사회의 상당 부분은 진화의 영향을 받았다.

진화는 역동적이다. 진화는 길이 아니라 범위다. 이 범위 안에서 우리는 실제로 여러 가지 다양한 길을 걸을 수 있지만 기본적으로 이 범위를 벗어나기란 불가능하다. 따라서 우리는 결국 진화가 그려 낸 범위가 대체 어디서부터 어디까지인지, 넓은지 좁은지, 또 경계선은 어디인지에 대해 더 깊이 이해하고 존중하는 자세를 가져야 한다.

역자 후기

책장에 꽂아 두었던 묵은 책을 다시 읽다

꽤 오래전에 읽었던 다윈의 『종의 기원』은 기억 속에 난해한 책으로 남아 있다. 번역본은 도통 이해하기 어려운 말로 가득했고, 관련 참고서도 별로 없던 시절이다 보니 두꺼운 책장은 쉬이 넘어가지 않았다. 이렇듯 그저 독서 목록 중 하나에 올라 있던 그 책의 해설서를 번역해야 한다니, 부담감은 실로 막중했다. 하지만 원서를 한 줄 한 줄 읽으면서 부담감을 약간은 덜 수 있었다. 왜냐하면 이 책은 『종의 기원』 원전을 다룬다기보다 『종의 기원』으로 한 걸음 더 다가갈 수 있도록 돕는 안내서 성격이 강했기 때문이다. 이런 책이 그 시절에 나왔더라면 나도 다윈과 좀 더 친해질 수 있지 않았을까 하는 아쉬움이 들었다.

　이 책은 원래 저자인 양자오 선생이 2005년 봄 '청핀 강좌'의 '현대고전 정독'에서 처음으로 강연한 '『종의 기원』 다시 읽기'를 책으로 엮은 것이다. '청핀 강좌'는 우리나라의 교보문고 정도에 해당하는 청핀서점이 '인문학의 대중화'를 표방하며 개설한 강좌로, 주로 인문·예술·철학·문화 등의 분야에서 독자들이 체계적으로 인문학의 틀을 잡도록 도움을 주고 있다. 이 인문 강좌는 독자들의 큰 호응을 받으며 지금까지도 지속적으로 이어지고 있다. 저자는 『종의 기원』을 필두로 2013년 현재까지 마르크스의 『자본론』, 프로이트의 『꿈의 해석』 등 우리가 고전이라고 부르는 작품 수십 편을 매해 거르지 않고 강의하고 있다.

　저자가 다윈을 첫 강연 대상으로 삼은 것은 개인적으로 훌륭한 선택이었다고 본다. 먼저 그의 진화론은 마르크스나 프로이트의 이론보다 더 대중적이고, 또 하나는 대다수 생물학 이론보다 널리 알려졌을 뿐 아니라 오독이나 왜곡도 훨씬 심한 까닭이다.

　사실 다윈의 학설은 동시대 사람에 의해 내용이 상당히 왜곡됐는데, 그 원흉은 다름 아닌 다윈의 친한 친구 헉슬리였다. 헉슬리는 『종의 기원』이 라마르크 학설의 발전 선상에 있다고 보았다. 다윈보다 일찍 연구 성과를 발표한 라마르크는 종은 열등한 데서 고등한 데로 진화한다고 일관되게 주장했다. 반면 다윈의 학설은 종이 대자연의 환경 변화에 어떻게 적응하는지에 초점이 맞춰져 있다. 즉 다윈은 종이 결코 경쟁을 통해 도태하는 것이 아니라 생존을 위해 대자연의 변화에 적응한다고 주장했다. 이렇게 봤을 때 다윈은 라마르크의 학설을 수정한 것이지, 라마르크의 관점을 확대 발전시킨 것은 아니었다고 말할 수 있다. 하지만 라마르크의 학술 성과는 헉슬리의 왜곡으로 인해 다윈에게 가렸으면서도 그 의식 형태가 외려 다윈의 학설에 그대로 주입되었고, 심지어 '다윈주의'를 낳았으니 이런 아이러니가 어디 있는가.

다윈은 『종의 기원』이 출간된 이후 많은 사람들의 공격을 받았다. 그중 대표적인 집단이 기독교 복음주의자들인데, 그들은 헉슬리가 해석한 진화론을 접하고서 그것이 창조론에 위배된다고 결론 내렸다. 그러나 저자는 진화론의 최대 전복 대상이 창조론이 아니라 플라톤 이래로 절대적으로 떠받들고 있던 이데아론과 17~18세기에 린네가 수립한 분류학이라고 지적했다. 따라서 다윈의 가장 큰 공헌은 동식물 분류는 고정불변하다는 당시의 전통 관념을 깨뜨린 인식론적 단절에 있다고 할 수 있다. 더욱 중요한 것은 다윈이 중세 이후의 생물학과 분류학에 정식으로 사망을 선고하고, 당시의 생물학을 권위 있는 실증 학문으로 격상시켰다는 점이다.

다윈이 살던 시대는 과학이 급속도로 발전하여 진화론이 보편적이지는 않았지만 학술계에서는 이미 이 이론이 논의되고 있었다. 그래서 다윈의 학설이 혁명적이긴 했어도 결코 하늘에서 뚝 떨어진 것이 아니라 다년에 걸쳐 사유해 온 결과물이라고 할 수 있다. 다윈은 다만 진화를 연구한 다른 생물학자보다 한 발 빨리 진화론을 체계적으로 해석했을 뿐이다.

이 책의 또 한 가지 특기할 만한 것은 『종의 기원』 원전의 이해를 돕기 위해 『종의 기원』이 나오게 된 배경을 상세히 설명했다는 점이다. 다윈은 빅토리아 시대의 억압된 가정에서 어려서부터 아버지의 관심을 받지 못한 채 자랐고, 또 가업인 의술을 이으라는 부친의 기대를 저버리고 생물학 연구에 일생을 바쳤다. 다윈은 이런 환경에서 자란 탓에 평생 소심하고 신중한 성격을 가지게 되었다. 물론 이런 그도 월리스가 '종의 진화' 연구 논문을 발표한다는 얘길 듣고 자신의 연구 성과를 먼저 알리기 위해 서둘러 책을 쓰긴 했지만 말이다.

저자 양자오는 일반적인 입문서와 달리 원전 해석에 매달리지 않고, 동시대 및 현대의 다른 이론들을 활용해 진화론을 검토하고 다윈이 『종의 기원』을 쓰게 된 전모를 입체적으로 드러냈다. 서문에서도 저자는 주저 없이 오늘날 다윈과 관련된 서적 대개가 번역서일 뿐 아니라(이는 타이완뿐 아니라 우리나라도 마찬가지다) 읽을수록 『종의 기원』의 원뜻에서 더 멀어지게 한다고 지적했다.

이 책은 매우 훌륭한 『종의 기원』의 길잡이 역할을 한다. 이 책을 읽고 나서 다윈의 진화론과 『종의 기원』에 흥미를 느끼게 됐다면 저자의 전략은 성공했다고 볼 수 있다.

마지막으로 이 책이 나오기까지 수고해 주신 유유출판사와 번역 원고를 꼼꼼히 읽고 오류를 잡아 준 김명남 선생에게 큰 감사를 드린다.

2013년 8월
옮긴이 류방승

+ **더 읽어 볼 책**

다윈의 저작

찰스 다윈, 『종의 기원』 *On the Origin of Species*

_____, 『비글호 항해기』 *The Voyage of the Beagle*

_____, 『인간의 유래와 성선택』 *The Descent of Man and Selection in Relation to Sex*

_____, 『나의 삶은 서서히 진화해왔다』(이한중 옮김, 갈라파고스, 2003)

다윈의 전기

John Bowlby, *Charles Darwin: A New Life* (New York: W. W. Norton & Company).

다윈에 대한 해석과 진화론의 발전

Tijs Goldschmidt, *Darwin's Dreampond: Drama on Lake Victoria* (Cambridge: The MIT Press).

Stephen Jay Gould, *The Structure of Evolutionary Theory* (Cambridge: Belknap Press of Harvard University Press).

토머스 헉슬리, 『진화와 윤리』(이종민 옮김, 산지니, 2012)

스티븐 제이 굴드, 『다윈 이후』(홍욱희 외 옮김, 사이언스북스, 2009)

_____, 『판다의 엄지』(김동광 옮김, 세종서적, 1998)

_____, 『생명, 그 경이로움에 대하여』(김동광 옮김, 경문사, 2004)

에드워드 윌슨, 『인간 본성에 대하여』(이한음 옮김, 사이언스북스, 2011)

_____, 『자연주의자』(이병훈 옮김, 사이언스북스, 1996)

_____, 『생명의 다양성』(황현숙 옮김, 까치글방, 1995)

_____, 『생명의 미래』(전방욱 옮김, 사이언스북스, 2005)

_____, 『통섭』(최재천 외 옮김, 사이언스북스, 2005)

에드워드 윌슨·베르트 휠도블러, 『개미 세계 여행』(이병훈 옮김, 범양사, 2007)

리처드 도킨스, 『이기적 유전자』(홍영남 외 옮김, 을유문화사, 2010)

_____, 『눈먼 시계공』(이용철 옮김, 사이언스북스, 2004)

_____, 『에덴의 강』(이용철 옮김, 사이언스북스, 2005)

++ 다윈의 생애 연표

1809년
2월 12일, 영국 슈롭셔 주의 슈루즈버리에서 출생.
라마르크가 『동물 철학』에서 용불용설 등 진화론적 사상을 표현함.

1817년(8세)
케이스 씨가 운영하던 그래머스쿨에 입학하여 1년간 통학함.
7월 17일 모친 별세.

1825년(16세)
에든버러대학 의학부에 입학하였으나 의학에 흥미를 느끼지 못하고 박물학과 지질학에 열중.

1827년(18세)
부친의 권유에 따라 목사가 되기 위하여 케임브리지대학 신학부로 전학.

1831년(22세)
4월, 학사 학위를 받음. 8월, 세지윅 교수와 북웨일즈의 지질 탐사에 참가.
12월, 헨슬로 교수의 추천으로 학술탐사선 비글호에 박물학자 자격으로

승선.
12월 27일, 영국 데번포트의 플리머스 항 출항.

1832년(23세)
1월, 카보베르데 군도의 산티아구 섬 정박, 열대림에 경탄, 몬테비데오에서 만각류의 화석을 발견, 라이엘 교수의 『지질학의 원리』 제2권 받음.

1833년(24세)
4월부터 라플라타 강 기슭에서 동식물 채집.
요하네스 뮐러가 『인체생리학 전서』를 출간하기 시작함.

1834년(25세)
파타고니아 조사. 6월부터 7월까지, 마젤란 해협 부근 탐사.
대륙 남단을 거쳐 태평양으로 나옴. 칠레의 발파라이소에 도착하여 안데스 산맥의 산록부 탐사.

1835년(26세)
발디비아 근처를 조사하다가 대지진을 만남. 4월, 발파라이소에서 페루까지 약 900킬로미터에 걸친 육로 탐사에 참가.
9월, 태평양의 갈라파고스 제도 탐사.

1836년(27세)

오스트레일리아와 뉴질랜드 탐사. 4월 킬링 섬에서 여러 동식물 및 산호초의 형성 원인 조사. 6월, 희망봉과 세인트헬레나 섬 경유 10월 2일 영국에 도착, 팰머스에서 비글호 하선. 10월 4일, 슈루즈버리의 고향집에 귀가. 5년간의 항해를 끝내고 고향으로 돌아와 수집해 온 표본들을 정리하며 항해기의 출판 준비에 착수함.

1837년(28세)

3월, 런던으로 이사. 『지질학적 관측』및 『비글호 항해의 동물학』원고 준비. 7월, 『종의 기원』에 관한 제1책자의 노트를 시작함.

1838년(29세)

왕립 지질학회의 총무 간사에 취임. 10월, 맬서스의 『인구론』 정독.

1839년(30세)

왕립협회 회원으로 피선. 1월 29일, 조지 웨지우드의 막내딸 엠마와 결혼. 『찰스 다윈의 일지와 관찰』,『어드벤처호와 비글호의 1826~1836년 사이의 남아메리카 조사와 비글호의 세계일주 조사 항해담』세 권 가운데 제3권 상기보고서를 8월에 『비글호가 찾아간 여러 지역의 지질학과 박물학 연구』라는 이름으로 재발행. 흔히 말하는 『비글호 항해기』로 1845년 2판, 1860년 3판 출간.

1840년(31세)

건강이 좋지 않아 가족과 함께 런던 교외 다운으로 이사. 『비글호 항해와 동물학』 부문의 서문을 씀.

1841년(32세)

2월, 지질학회의 총무간사 사임. 항해 보고서의 어류 및 조류 부문을 완성.

1842년(33세)

『종의 기원』 초고 35쪽, 『1832~1836년 영국 해군 피츠로이 함장 지휘 아래 수행한 비글호 항해기』 지질학 제1부 「산호초의 구조와 분포」 발간.

1843년(34세)

『비글호 항해기』 지질학 제2부 「남아메리카의 화산섬과 화산 지역의 지질학적 관찰」 발간, 1876년 2판.

1844년(35세)

『종의 기원』에 대한 노트를 정리 230쪽의 수기로 완성, 이는 다윈 사후에 『종의 기원의 기초』로 출판됨.

1846년(37세)

『비글호 항해기』 지질학 제3부 「남아메리카의 지질학적 관찰」 발간.

1848년(39세)

11월 13일, 부친 별세. 건강이 좋지 않아 장례식에 불참.

1851년(42세)

「영국의 화석 만각류의 연구」 논문 발간.

1854년(45세)

「영국의 화석 발라니대와 베루시대 연구」,「발라니대 베루시대」 논문 발간.

1855년(46세)

앨프레드 러셀 월리스의 논문「새로운 종의 출현을 지배하는 법칙」이 발표됨.

1856년(47세)

후커 및 라이엘 교수의 권유에 의해『종의 기원』을 기획 집필하기 시작하여 12월에 3장까지 씀.

1857년(48세)

9월,『종의 기원』8장까지 집필.

1858년(49세)

6월, 말레이 군도에서 탐사하고 있던 월리스로부터 자연선택으로 인한 생물의 유전에 관한 연구 보고를 받아 정독한 다윈은 자기 학설과 일치함에 놀아 라이엘 경 및 후커 교수와 상의하여 이미 기획한 『종의 기원』 저술을 보류, 논문 「종의 변종 형성의 경향과 자연선택에 의한 종과 변종의 영속성에 관하여」를 월리스와 공저하여 발표(「린네학회지」 2권 9호, 18쪽). 당시 이 논문은 별로 관심을 얻지 못하였음. 라이엘 경과 후커 교수의 권유로 『종의 기원』 저술 재개.

1859년(50세)
『자연선택에 의한 종의 기원에 관하여』, 흔히 『종의 기원』으로 알려진 저서 발간, 당일 매진. 1860년 2판, 1861년 3판, 1866년 4판, 1869년 5판, 1872년 6판 출간됨.

1862년(53세)
『영국 및 외국산 야생난에서 곤충이 매개하는 수정에 관한 연구』 발간, 1877년 2판 출간.

1864년(55세)
왕립협회로부터 코플리 메달을 받음.

1865년(56세)
브르노의 자연연구회에서 멘델이 「멘델의 법칙」을 발표함.

1868년(57세)

『사육, 재배하는 동식물의 변이』 발간, 1875년 개정판 출간.

1871년(61세)

『인간의 유래와 성선택』 발간, 1874년 2판 출간.

1872년(62세)

『인간과 동물의 감정 표현』 출간.

1875년(65세)

『덩굴식물의 운동과 생태』, 『식충 식물』 출간.

1876년(67세)

『식물계에서 타화수정과 자화수정의 영향』 출간, 1878년 2판 출간.

1877년(68세)

『동일 종에 존재하는 다른 형태의 꽃』 출간, 1880년 2판
케임브리지대학에서 명예박사학위를 받음.

1880년(71세)

『식물의 운동력』 출간, 아들 프랜시스 다윈과의 공동 연구.

1881년(72세)

『땅속 벌레들의 활동에 의한 부식토의 형성』 출간.

1882년(73세)

2월부터 심장의 통증이 시작됨. 4월 18일에 심한 발작을 일으킨 끝에 4월 19일 오후 4시 서거, 웨스트민스터 사원에 안장됨.

종의 기원을 읽다
: 다윈과 진화론을 공부하는 첫걸음

2013년 9월 14일 초판 1쇄 발행
2019년 4월 4일 초판 2쇄 발행

지은이	옮긴이		
양자오	류방승		

펴낸이	펴낸곳	등록	
조성웅	도서출판 유유	제406-2010-000032호(2010년 4월 2일)	

주소
경기도 파주시 책향기로 337, 301-704 (우편번호 10884)

전화	팩스	홈페이지	전자우편
031-957-6869	0303-3444-4645	uupress.co.kr	uupress@gmail.com
	페이스북	트위터	인스타그램
	www.facebook.com/uupress	www.twitter.com/uu_press	www.instagram.com/uupress

편집	디자인	독자교정	
박수민	이기준	김명남, 이경민	

제작	인쇄	제책	물류
제이오	(주)민언프린텍	책공감	책과일터

ISBN 979-11-85152-03-5 04470
   979-11-85152-03-5 (세트)

이 도서의 국립중앙도서관 출판예정도서목록(CIP)은 서지정보유통지원시스템
홈페이지(seoji.nl.go.kr)와 국가자료공동목록시스템(www.nl.go.kr/kolisnet)에서
이용하실 수 있습니다.(CIP제어번호: CIP2013016113)